广东金融学院工商管理论丛

契约型农产品交易关系稳定性研究

—— 基于渠道权力理论视角

曹艳爱／著

中国经济出版社
CHINA ECONOMIC PUBLISHING HOUSE
北 京

图书在版编目(CIP)数据

契约型农产品交易关系稳定性研究 / 曹艳爱著.
—北京:中国经济出版社,2019.6
ISBN 978-7-5136-5589-7

Ⅰ.①契… Ⅱ.①曹… Ⅲ.①农产品贸易—研究—中国 Ⅳ.①F724.72

中国版本图书馆 CIP 数据核字(2019)第 040075 号

责任编辑 姜 静 赵立颖
责任印制 马小宾
封面设计 华子图文

出版发行 中国经济出版社
印 刷 者 北京九州迅驰传媒文化有限公司
经 销 者 各地新华书店
开 本 710mm×1000mm 1/16
印 张 9.5
字 数 110 千字
版 次 2019 年 6 月第 1 版
印 次 2019 年 6 月第 1 次
定 价 48.00 元
广告经营许可证 京西工商广字第 8179 号

中国经济出版社 **网址** www.economyph.com **社址** 北京市西城区百万庄北街 3 号 **邮编** 100037
本版图书如存在印装质量问题,请与本社发行中心联系调换(联系电话:010-68330607)

本项研究受

“教育部人文社会科学研究青年基金项目

（13YJC630003）”资助

目　录

引 言

契约型农产品交易关系中，公司与农户规模实力相差悬殊，公司规模巨大实力雄厚，农户为数众多且分散、规模很小，这就决定了双方的依赖严重不对称，渠道权力结构严重失衡且向公司方倾斜，从而导致契约型农产品交易关系很不稳定。

从渠道权力理论的视角，探讨在渠道权力结构严重失衡状态下公司与农户的违约机理及违约的表现形式，并针对性地提出解决之道，提升契约型农产品交易关系的稳定性。研究发现，在渠道权力严重失衡的契约型农产品交易关系中，公司与农户是否违约取决于从交易中获得的效用（利益）大小、市场中合作伙伴替代稀缺性的程度，以及转换成本的高低等因素；公司与农户的违约主要表现为基于信息不对称的“逆向选择”和“道德风险”行为、基于资产专用性投资的“敲竹杠”行为、基于集体行动的“搭便车”行为和基于博弈次数（交易频率）的短期化行为四种类型；可以遵循扩大契约市场均衡区间、提升合作伙伴替代稀缺性，以及提高替代成本等思路采取相应的措施，提升契约型农产品交易关系的稳定性。

1 问题的提出

1.1 选题依据

中国农村一直以来都是小农经济。自 1978 年以来，中国农村启动了“家庭联产承包责任制”和“推进农副产品市场化”两项重要改革。“家庭联产承包责任制”确立了农户家庭在农业生产中作为基本组织单元的经济地位，“包产到户，包干到户”的双包制度解决了集体生产的组织监督难题，使农户成了事实上的剩余索取权人，这大大释放和激励了农户从事农业生产的积极性，极大地提高了农业生产领域的绩效。农产品的收购制度①逐渐放开，到 20 世纪 90 年代初，90%以上的农产品实现了通过市场进行交换（张春勋，2010）。

但随着这两项改革的推进与深入，农村和农业经济中一些新的矛盾日益显露。分散而小规模经营的农户，作为农业生产经营的基本组

---

① 我国农产品购销制度大体经历了四个发展阶段：1949—1954 年的自由购销阶段；1954—1978 年的统购统销阶段；1978—1993 年的“双轨制”价格阶段；以及 1993 年至今的宏观调整下的自由购销阶段。其中粮食统购统销政策是 1953 年秋中共中央在粮食分配和流通领域采取的一项影响深远的重大战略决策，后来发展成为包括粮食、油料、棉花、棉布等在内的一整套农产品统购统销制度体系，即农民的销售和农产品加工企业的原料采购分别通过国家的相关计划部门进行销售和分配。

织单元，并不能满足日益增长和扩大的农副产品市场化的发展需求；传统农产品流通和服务组织[①]，在农村经济由封闭到开放的发展过程中也显得捉襟见肘，“小农户”与“大市场”的矛盾日益凸显。如何解决分散的小农户与大市场的联结问题，成为市场经济条件下农业经济发展的重大问题，客观上要求对农产品生产和流通的组织形式进行创新。

1983 年，位于江高镇的江村鸡场掀起了以鸡场为龙头，带动周边农户共同发展养鸡业的经济发展模式[②]，这种模式被国家体制改革委员会命名为“江高模式”。1987 年，《人民日报》对“江高模式”进行了系列报道，并在全国大力推广，“江高模式”成为中国农业产业化的样板和方向[③]。1993 年，山东省潍坊市将农业产业化作为农业发展战略正式提出来，其总体思路是“确立主导产业、实行区域布局、依靠龙头带动、发展规模经营”。1995 年 12 月 11 日，《人民日报》报道了潍坊市的农业产业化经验，并将农业产业化概括为“是以国内外市场为导向，以提高经济效益为中心，对当地农业支柱产业和主导产品，实行区域化布局、专业化生产、一体化经营、社会化服务、企业化管理，把产供销、贸工农、经科教紧密结合起来，形成‘一条龙’的经营体制”[④]。随后，各种形式的农业产业化经营的组织模式如雨后

① 传统的农产品流通和服务组织，主要包括农业技术推广部门、供销社、信用社等。

② 1983 年，谭钜添提出了“公司 + 农户”的发展模式，即江丰公司按一定的价格把优质鸡苗、饲料卖给农户，并要求农户按公司提供的技术指导进行饲养，最后按照事先约定的价格把鸡卖给公司。加入体系后，农户养的鸡就有了一个最低的保护价，旱涝保收，相当于加了保险一样。此后，这种“公司 + 农户”的模式在白云区推广开来。1983 年，这种以鸡场为龙头，带动周边农户共同发展的经济组织被国家体制改革委员会命名为“江高模式”，其实也就是现在所说的农业产业化模式。

③ 江高模式：中国农业产业化旗帜［N/OL］. http://news.sina.com.cn/c/2009-09-16/011416303267s.shtml，金羊网—新快报.

④ 人民日报社论. 论农业产业化［N］. 人民日报，1995-12-11.

春笋般在全国各地出现。

农业产业化的发展，是继家庭承包制之后的又一次伟大创举（牛若峰，1998），被普遍认为是一种有效的帮助农户进入市场的方式，受到了政府、涉农企业、农户和学术界的高度关注（徐健，2010）。夏春玉和薛建强（2008）在系统回顾政府部门和学术界对“农业产业化”概念界定的基础上，认为“农业产业化的核心在于以市场为导向，以增值为目的，通过一定的合约安排将分散的、低附加值的家庭农场改造成集生产、制造、销售等于一体的现代农业经营体系”。2012 年，全国各类农业产业化经营组织达到 28 万个，辐射带动农户 1.1 亿户，农户年户均增收 2400 多元；各类产业化组织带动全国 40% 以上的农户从事农业生产，带动各类生产基地规模占全国农业生产总规模的 60% 以上，已成为农业生产的重要主体①。在实践中，农业产业化经营的组织模式不断演进和创新，出现了“公司 + 农户”（如温氏模式②）向“公司 + 基地 + 农

① 中商情报网 .2012 年中国农业产业化发展特点分析[N]. 2012 - 09 - 24, http://www. askci. com/news/201209/24/2415184928325. shtml.

② 广东温氏食品集团有限公司创立于 1983 年，是一家以养鸡业、养猪业为主营业务的大型畜牧企业。温氏集团作为龙头企业与农户的合作方式为：一是建立和完善了对合作养殖户的管理程序，包括：申请入户、交付定金、领取鸡苗和生产资料、提供技术指导和相关服务、统一收购、结算；公司与申请入户者签订合同，建立统一档案和账户，如每户饲养一只鸡先向公司预交生产成本费，公司统一提供鸡苗、饲料、防疫药物以及技术指导，农户的各项支出均进入网络，可随时查询，定期结算，多退少补；在收购合同上，实行保护价收购。二是建立全方位一条龙的服务体系：公司为农户提供种苗、药物、技术、销售服务，农户按公司要求接种疫苗、按饲养规范进行生产，以确保质量和成活率。

户”（如雏鹰农牧模式①）和“公司＋合作社＋农户”（如奶联社模式②）等模式演进的趋势。但通过互惠形式实现公司与农户利益连接的“公司＋农户”模式仍然居主导地位且占绝对优势，各种创新形式是在该组织模式的“组织链”中引入新的元素（徐忠爱，2007），其基本的“内核”仍然是“公司＋农户”模式（张春勋，2010）。

“公司＋农户”及其扩展模式，在农业产业化过程中得到了极大的关注。实践中，有的学者也把这种模式称为“分包制”（周立群、曹利群，2000）或“订单农业”（刘凤芹，2003）。订单农业也称合同农业或契约农业，是“指在农业生产之前，农民与企业或中介组织签订的具有法律效力的确定双方权利与义务关系的产销合同，农民根据合同组织生产，企业或中介组织按合同收购农户生产的产品的一种农业协同经营形式”。（刘凤芹，2003）“公司＋农户”模式作为各种农业产业化组织模式的“内核”，是在小规模生产基础上实现农业规模化经营的一种组织形式，有利于解决分散农户和大市场之间的矛盾、

① 雏鹰农牧(002477)于2010年9月在深圳证券交易所成功挂牌上市，公司经营范围包括生猪养殖及销售、种猪繁育、种蛋生产、鸡苗孵化、粮食收储、生猪屠宰、生鲜肉制品加工、蔬菜种植、冷链仓储与物流等服务。雏鹰农牧是较为典型的按照“公司＋基地＋农户”模式组织农业产业的龙头企业。公司把二元种猪、商品仔猪、肉雏鸡放入公司自建的基地中由农户饲养。农户生产的商品仔猪，公司按协议价格回收后又转向农户作商品肉猪进行饲养；农户生产的成品肉猪、肉鸡，公司负责按协议价格收购，然后统一出售。公司不只是单纯地向农户收购肉猪、肉鸡产品，而是视农户的生产为企业的第三车间。此外，公司还针对经济困难的农户成立了专门的担保公司，为农户进入小区养殖提供贷款支持，解决了许多农户的资金问题。基地中的合作养殖是雏鹰农牧的核心所在，合作养殖的对象主要是具有一定养殖经验的农户家庭，主要内容包括：公司将自由畜禽交给农户在公司养殖场进行养殖；农户须缴纳一定比例保证金，防范公司风险；农户按照公司流程接受饲料供应、防疫、技术指导和“封闭管理”，但具体养殖方式由农户自行决定；养殖周期结束，公司按照养殖成果支付农户养殖利润；在发生严重疫情等极端情况下，公司将保障合作养殖农户1.3万～2.0万元/年的最低保障利润。

② 内蒙古奶联科技有限公司创造的“奶联社”模式，具体做法为：奶联社搭建技术、管理、现代化设施设备和资金投入平台，吸纳奶农将奶牛以入股分红、保本分红、固定回报、合作生产等多种形式入社，合作期间内，奶牛疫病和死亡风险均由奶联社承担，解决了奶农的后顾之忧。

降低市场风险、节约交易成本、提升产业组织绩效，得到理论界的广泛认可和政府的政策支持（张春勋，2010），成为目前我国农村地区产业化采用率最高的经营模式之一，所占比例为45%（高阔、甘筱青，2012）。然而在实践中，公司与农户之间的关系并不是紧密的，甚至不是稳定的（胡克敏、郭锦墉，2008）。2000年，全国包括“公司+农户”形式在内的各种订单农业合同履约率不足20%（左孟孝，2002；姜长运，2002），一些地方还出现了政府发起的“强制性订单”，出现了“订单农业”越发展，农民或龙头企业遭受损失越大的后果（张春勋，2010）。有关研究甚至表明，农产品销售契约违约率高达80%（刘凤芹，2003）。一项针对16984个存在合同关系的龙头企业的调查结果显示，高达38%的龙头企业取消了对农产品保护价收购的承诺；各地违约事件中，龙头企业违约约占70%，农户违约约占30%（贾伟强，2007）。居高不下的违约率已经引起学者们的广泛关注（徐建、张闯、夏春玉，2010），“公司+农户”模式的稳定性也成为学者们研究的焦点之一，学者们主要从交易成本理论、关系契约理论和社会网络理论等理论层面，对“公司+农户”模式的稳定性研究做出了有益的探索，形成了大量的研究成果。

关于农产品交易稳定性的研究，国外学者主要是在新制度经济学的框架下进行，成果主要集中在契约制农业的积极意义（Glover，1984；Goldsmith，1985；Williams & Karen，1985；Warning，2002；Patrick，2004）、影响契约选择的因素（Boger & Silke，2001；Sykuta & Cook，2001；Bogetoft，Peter，Olsen & Henirik，2002），以及履约机制的选择（Rusten，1996；Bechmann & Boger，2002；Tregurtha & Vink，2002）。国内大多数学者主要从交易成本理论和不完全契约理论出发，

以个案的形式剖析契约型农产品交易所蕴含的契约性质及其制度内涵（罗必良、王玉蓉，2000；周立群、曹利群，2001，2002；刘凤芹，2003），深入分析契约型农产品交易的违约动因、类型、影响因素等问题（史建民，2001；刘凤芹，2003；尹云松等，2003；孟枫平、尹云松，2004；侯守礼、王威、顾海英，2004；周立群、邓宏图，2004；郑强国、李宁，2005；赵西亮等，2005；范其学，2007；俞雅乖，2008），提出了多种有利于提高交易稳定性的组织模式（周立群、曹利群，2001；杜吟棠，2002；咸春龙，2002；赵德余等，2005），并提出诸多契约型农产品交易关系治理策略，如交易成本理论视角下的契约治理机制（刘凤芹，2003；周立群、曹利群，2002）、社会交换与关系契约视角下的关系治理机制（陈灿等，2007；万俊毅，2008）、嵌入在农村乡土社会中的人际关系治理机制（徐健，2010；张闯等，2011；徐健等，2012），以及基于角色理论的整合分析框架（张闯、林曦，2012）等。

国内外学者对契约型农产品交易关系稳定性的研究成果颇丰，涉及的问题广泛而深入。国内学者不约而同地采用新制度经济学的框架，对农产品交易的契约类型、组织形式，以及交易成本与效率等问题进行深入分析，不仅深化了对这些问题的认识，也表明国内外学者对相关问题的研究存在某些共识。通过文献梳理发现，关于契约型农产品稳定性的研究，从以经济学为理论基础的研究，开始引入管理学理论，从管理学的视角重新审视这一问题，拓展了研究视角；从偏重隐含在渠道关系中的各种经济学命题和关注渠道关系中的各种契约形式，开始重视渠道关系中的行为问题和社会文化问题的研究，极大地丰富了研究内容。

然而，现有文献在关注渠道关系中的行为问题和社会文化问题时，却忽视了一个严重的事实：公司与农户之间的权力结构过度失衡。也就是说，现有的关于契约型农产品交易关系的研究成果都基于一个共同的假设，即公司与农户之间的地位是平等的，他们之间拥有平等的相互的渠道权力，彼此相互依赖。实际上，我国农产品交易关系中，公司与农户之间的规模与实力悬殊，彼此之间相互依赖严重不对称，渠道权力结构严重失衡（张闯，2005）。建立在工业品流通渠道之上的传统渠道行为理论认为，渠道关系中的各种行为问题严重影响渠道效率，渠道行为变量之间因果影响关系复杂，但在以权力结构过度失衡为特征的农产品渠道关系中，渠道行为变量之间是如何相互影响的，它们又是如何影响渠道效率的，现有文献没有给出明确的回答。

鉴于此，笔者将在现有研究的基础上，以提高契约型农产品交易关系稳定性为出发点，以农户和农产品收购或加工企业（统称公司）之间的契约型农产品交易关系为研究对象，从渠道权力理论的视角对契约型农产品交易关系稳定性进行研究，探讨相互依赖严重不对称、渠道权力结构严重失衡的状态下农户与公司的违约机理，以及违约的表现形式，并试图提出有针对性的解决之道。

1.2 研究目的与研究意义

本研究的目的是从渠道权力理论这一微观视角对契约型农产品交易关系的稳定性进行研究，以公司与农户之间的权力结构—行为—绩效为研究主线，以农产品特性和订单农业的特点为切入点，分析相互依赖严重不对称关系下的公司与农户之间的渠道权力结构，探讨在严重失衡的渠道权力结构下公司与农户的违约机理及违约的主要表现形式，试图揭示契约型农产品交易关系下违约的一般规律，并提出具体的改善交易关系的建议，借此来提升契约型农产品交易关系的稳定性。本研究的理论意义主要体现在：

第一，拓展契约型农产品交易关系的研究视角，丰富其研究的理论基础。通过文献梳理发现，国内外现有关于契约型农产品交易关系稳定性的研究文献，主要采用的是新制度经济学的研究范式，以交易费用理论、不完全契约理论、关系契约理论等进行分析。尽管随着研究的拓展，开始引入管理学理论，从管理学的视角重新审视这一问题，但渠道行为理论在契约型农产品交易关系研究领域中的应用，无论是广度还是深度都远不及制度经济学（徐建，2010）。本研究以公司与农户之间的契约型农产品交易关系作为研究对象，从渠道权力理论的视角对契约型农产品交易关系稳定性进行研究，拓展了契约型农产品交易关系的研究视角，丰富了契约型农产品交易关系研究的理论基础。

第二，完善和发展渠道行为理论。现有的渠道行为理论主要建立在工业品流通渠道之上，农产品流通与工业品流通相比，具有很大的特殊性：市场基础不同，我国农产品的生产主要以农户家庭作为基本生产单位，以此为基础的农产品市场，与以大规模生产为基础的工业品市场相比，存在着较大的差异；渠道权力结构失衡，农户作为商品生产者和提供者，在与农产品加工或流通企业进行交易的过程中，由于规模与实力相差悬殊，交易关系中的权力结构严重失衡；农户市场主体地位不健全，工业品流通中，工业品生产企业具有完全的市场地位，农户作为农产品生产者参与流通活动，其市场地位是不健全的。这就意味着建构于工业品流通之上的渠道行为理论，或许很难对在以权力结构过度失衡为特征的契约型农产品交易关系中的公司与农户渠道行为变量之间是如何相互影响的，以及它们是如何影响渠道效率、交易关系等问题给出明确的回答。因此，应用渠道行为理论对契约型农产品交易关系进行研究，不但可以利用农产品流通市场提供的研究样本，检验建构于工业品流通市场基础上的渠道行为理论的适用性，完善和发展渠道行为理论，还有可能带来新的理论发现。

理论源于实践并反过来指导实践。在农业产业化的进程中，“公司+农户”及其扩展模式一定程度上解决了“小农户”与“大市场”之间的矛盾，被普遍认为是一种帮助农户进入市场的行之有效的方式。但实践中，居高不下的违约率严重制约了农业产业化的进一步完善与发展，并影响其在解决“三农”问题上的作用与价值。在以往的研究中，多数渠道理论学者认为，渠道成员之间相互依赖不对称的“权力—依赖”关系会给渠道关系带来负面影响。在不对称的“权力—依赖”关系中，权力的天平偏向强势方，弱势方就有可能被剥削。然而，现实中有许多运行良好的“公司+农户”联盟组织，例如江苏如意集团模式、内蒙古塞飞亚模式、浙江江山模式、广东温氏模式和广东东进模式等，在这些成功的模式中，公司与农户之间长期处于相互依赖不对称的关系中，且依然有效率地运转。这与多数渠道领域学者理论上的主张并不一致，说明通过一些战略的运用，渠道成员可在相互依赖不对称的关系中多受其利，少受其害。因此，通过探讨渠道权力结构严重失衡状态下公司与农户的违约机理与违约表现形式，分析其背后的原因，并据此提出相应的解决之道，将有助于改善契约型农产品交易关系，降低违约率，提高关系稳定性。本研究的现实意义主要体现在以下三个方面：

第一，本研究的一些研究发现将有助于理解现实中有效运营的

“公司 + 农户” 成功模式，并针对依赖不对称的公司与农户的渠道关系，提出一些具体的改善契约型农产品交易关系，降低违约率，提高关系稳定性的政策建议。

第二，本研究的一些研究成果或许可以为相关部门制定农业产业化政策提供新的视角，有助于相关部门正确评估、监控和引导契约型农产品交易中的行为，为农业产业化构建良好的实施环境。

第三，本研究的一些研究建议或许可以为相关企业在与农户合作过程中，提供一些管理思路上的借鉴，进而未雨绸缪，采取一些措施，降低合作中的违约率，提升关系稳定性，实现合作双赢。

1.3 研究思路与研究重点

本研究将以现有的相关研究成果为背景，在充分吸收与借鉴已有研究成果的基础上，以社会学、农业经济学等相关学科的最新成果作为理论支撑，以公司与农户之间的权力“结构—行为—绩效”为研究主线，以农产品交易特性、公司与农户之间关系的本质为切入点，从渠道权力理论的视角，探讨公司与农户之间的相互依赖不对称关系下公司与农户之间的渠道权力结构，以及在此渠道权力结构下公司与农户的违约机理以及违约的表现形式，最终揭示契约型农产品交易关系中公司与农户违约的一般规律，并提出有针对性的解决之道，以提升契约型农产品交易关系的稳定性。本研究的重点为：

一是分析订单农业的特点及其公司与农户关系本质。农产品生产具有很强的季节性，一次性收获数量多，且农产品具有产品鲜活易腐、不易保存等特点，这就决定了农产品如果不能在一定期限内及时销售出去，其使用价值和价值就会丧失，因而农产品的销售具有极强的专用性；再加上农业生产中存在着较强的农用土地、农业生产方式和农用机械设备的专用性，这就极大地增加了农户的市场风险，而且极易出现“买难”“卖难”现象（罗必良、吴晨、刘成香，2007）。“公司+农户”产业化模式被认为是一种帮助农户进入市场的有效方式，实践中，通常也被称为“订单农业”、合同农业或契约农业，其实质就是农户与公司（农产品加工或流通企业）之间的契约型农产品交易（徐建，2010）。公司往往充当龙头企业，直接与农产品生产者进行交易，从事农产品收购、加工和销售。在这种交易关系中，公司与农户按照双方签订的合同履行相应的权利与义务，农户按照合同约定生产指定品种和数量的农产品，公司按照合同约定专门从事指定农产品的收购、加工和销售，并为农户提供相应的生产服务。由于我国农业生产的主要特征是农户家庭作为经营的主体自主生产、自负盈亏、自担风险（罗必良、刘成香、吴小立，2008），因此在“公司+农户”模式这一渠道关系中，渠道权力结构是严重向公司倾斜的（张闯，2005，2006），公司与农户之间的相互依赖严重不对称。在一个多变的、不可预测的市场中，对称的相互依赖，不论是高度相互依赖，还是低度相互依赖都是可取的，而偏向一方的依赖是很危险的（科兰、安德森、斯特恩等，2008）。农产品交易关系弱稳定性的根源恰恰在于交易行为的不确定性，这种不确定性主要源于农产品生产环境的不确定性和公司市场的不确定性（张春勋，2010）。诸多的不确定性使得公司与农户之间签订的农产品契约往往是不完备的，契约的不完备使违约成为可能，而机会主义行为又使违约成为必然；公司与农户之间的相互依赖不对称关系会提高机会主义行为发生的概率，使公司与农户之间的违约率攀升，履约率降低。因此，从渠道权力理论探讨公司与农户之间违约的影响机理和作用机制，对于公司未雨绸缪，采取一些措施来降低违约率，提高交易关系的稳定性具有一定的实用价值。

二是探讨在相互依赖不对称关系中，即在渠道权力严重失衡的状态下，对农户与公司的违约机理进行分析。在营销渠道领域，渠道成员彼此相互依赖，意味着渠道成员必须相互考虑，以实现自己的目标（Cadotte & Stern，1979）。渠道成员之间的相互依赖，根据依赖程度的差异可以分为对称相互依赖和不对称相互依赖（Buchanan，1992）。如果渠道成员彼此依赖程度一致，视为对称相互依赖关系；如果一方更依赖于对方，则视为不对称相互依赖关系。在不对称相互依赖关系中，弱势方（依赖性较高的一方）经常担心自己会受伤害，而且很容易怀疑强势方（依赖性较低的一方）是否有不良意图。相对于对称相互依赖关系而言，不对称相互依赖关系更容易产生冲突，相互信任更少，并且承诺也少（Kumar，Scheer & Steenkamp，1995）。因此，很多学者都认为不对称相互依赖对渠道关系的影响是负面的。Anderson 和 Weitz（1989）认为对称相互依赖关系远比不对称相互依赖关系更稳定。因为不对称相互依赖会导致渠道成员之间利益不一致、关系的稳定性和信任度偏低（Heide，1994）。在关系长期导向中，不对称相互依赖关系可能会导致渠道成员之间利益的不匹配，这种不匹配会造成渠道成员之间较高水平的渠道冲突、不满，甚至导致关系终止。这一论点在 Gundlach 和 Cadotte（1994）的研究中得到支持，他们通过实证研究发现，渠道成员之间的冲突水平，会随着渠道成员之间相互依赖不对称性程度的增加而提升。Kumar、Scheer 和 Steenkamp（1995）利用收集到的汽车经销商数据，也证明了相互依赖不对称会降低经销商对供应商的信任和关系承诺水平，导致双边关系中的冲突增多。这些研究结论基本上都是建立在工业流通品市场基础之上的。公司与农户之间相互依赖不对称，为此类研究提供了另类的鲜活的研究样本，不但可以检验现有的研究结论在农产品流通市场的适应性，或许在研究中还会有新的发现。本研究另辟蹊径，从渠道权力理论的视角，来分析在渠道权力结构过度失衡的状态中公司与农户的违约机理，试图从根源上找到影响契约型农产品交易关系稳定性的原因。

三是探讨农户与公司违约的表现形式。违约“是指合同当事人完全没有履行合同或者履行合同义务不符合约定的行为”，各种机会主义行为（opportunistic behavior）是违约的主要表现形式。机会主义行为，也称投机（主义）行为，指的是基于追求自我利益最大化而采取的欺骗行为，它是合作风险的主要来源（Williamson，1985）。营销渠道中的机会主义行为指某一渠道成员以牺牲其他渠道成员的利益为代价，为己方牟利的现象，通常表现为渠道成员的实际行为没有达到合同的要求（Wathen & Heide，2000），或者渠道成员刻意隐瞒和歪曲信息、躲避或不完全履行关系承诺或关系义务等（刘益、曹英，2006）。“公司+农户”模式中的机会主义行为主要有基于信息不对称的“逆向选择”和“道德风险”行为、基于资产专用性投资的“敲竹杠”行为、基于集体行动的“搭便车”行为和基于博弈次数（交易频率）的短期化行为等四种类型。导致机会主义行为产生的原因主要有有限理性、信息不完全和不对称、资产的专用性和行为的短期化。

四是提出增强契约型农产品交易关系稳定性的解决之道。已有的研究文献针对影响契约型农产品关系稳定性的因素，提出了很多关于公司与农户之间关系治理的策略。第一，规范完善的合约，被认为是一项利于合约稳定性（刘凤芹，2003）的行之有效的方法，合约双方要遵循基本交易规范，合同要尽量订立得齐备、准确（史建民，2001）。风险分担机制的设计是保障农业契约稳定的关键（张兵、胡俊伟，2004），要利用合同条款分摊和化解风险，并设计合理的保障条款（郭红东，2005）。第二，专用性投资是信誉的物质支撑，也是长久合作关系的依托（周立群、曹利群，2002），通过专用性投资可以对双方形成约束，促进长期合作（张兵、胡俊伟，2004）。很多学者建议通过增加专用性投资，来增强渠道关系的稳定性，但赵西亮等（2005）则认为，由于利他性的专用资产的存在，增加专用性投资更加剧农户事后的机会主义行为，降低了履约率，而不是提高履约率。第三，组织形式创新是增强公司与农户之间关系稳定性的一个重要举措。我国农村是一个典型的静态社会，农户之间不仅相互了解，而且还存在相互监督，道德约束力很强（周立群、曹利群，2002），在公司和农户之间有必要引入中介，形成新的组织形式，如“公司＋合作社＋农户”，或者“公司＋大户＋农户”，或者“公司＋中介＋农户”，这类组织或大户的加入，可以有效地节约交易成本，并抑制机会主义行为。合作社和大户能够对分散的机会主义行为进行监督和约束，弥补了原来公司与农户之间的组织缺陷（周立群、曹利群，2002）。同时，通过各种农民合作组织，可以增强农户在合同关系中的地位和承担法律责任、履行合同义务的能力，并降低契约的执行成本（谭砚文，2003；郭晓鸣，2006）。第四，对公司与农户之间关系的治理，不能仅仅依靠法规、制度、合约等正式措施，需要加入信任、互惠、合作等关系治理（陈灿、万俊毅、吕立才、2007），借助信任、互惠、灵活性、声誉机制和有效沟通等关系治理，促进了双方合作互动，保证交易顺利进行，从而提高合约履行绩效（万俊毅，2008）。也有学者强调合约的自我履行，自我履约机制主要是指契约当事人依靠日常习惯、合作诚意、私人履约成本和收益、信誉等来执行契约（徐忠爱，2011）；当然，公司与农户可以通过抵押（质押）条款、关系专用性投资等有效的契约设计安排，使得契约得到最大范围的自我实施、缔约效率得到提高和契约关系得到较为平稳的发展（徐忠爱，2009）。另外，注重信誉和合作机制的建设，政府的适当干预、引导与协调，提高农民的素质，通过法律途径制裁违约行为等措施也被提及。本研究将从渠道权力理论的视角，提出增强契约型农产品交易关系稳定性的解决之道，为解决此类问题提供一个新的视角。

1.4 研究主题与内容安排

“公司＋农户”模式是连接“小农户”与“大市场”的一个重要的纽带，但由于农产品的特殊性，其产品特质和生产销售方式都与工业品存在巨大的差异。

其一，公司与农户之间的关系复杂。公司与农户之间的合作，不是单一农户的选择性合作，而是一众规模较小且分散农户的一致性合作，这就加剧了“公司＋农户”合作关系的复杂性。

其二，公司与农户之间是契约型交易关系。“公司＋农户”模式中，公司与农户或通过契约建立互惠互利的交易关系，或通过契约结成利益共同体，无论是何种方式，公司与农户之间的关系本质是契约型交易关系。

其三，公司与农户之间的依赖严重不对称。“公司＋农户”的合作关系中，一方是规模巨大、实力雄厚的公司，另一方是规模较小、为数众多且分散的农户，合作双方之间的依赖严重不对称，这就会导致渠道权力结构严重失衡。

其四，公司与农户之间的交易关系不稳定。我国农业生产体制的特点决定了我国农户不但数量众多、分散，而且规模较小。农业龙头企业在寻找农产品生产者作为合作伙伴时，实际上无法找到规模能与自己对等的农户，因此“公司+农户”的渠道合作模式自诞生之日起就先天不足，因为公司与农户之间的规模与实力相差悬殊，这就决定了该交易关系的稳定性差。

农产品的特性、销售特点以及订单农业的特点，决定了农产品流通过程与工业品流通过程相比，具有其独特性。构建于工业品流通领域的渠道理论，很难回答在农产品流通过程中的一些问题。“公司+农户”及其拓展模式，在一定程度上有效地解决了我国“小农户”与“大市场”的联结问题，成为我国农业产业化的主力军，但公司与农户之间居高不下的违约率，严重影响了农业产业化的进程，制约了农业产业化的推广。进一步探索和研究公司与农户之间契约型交易关系的稳定性，无疑是有意义的。在现实的渠道关系中，相互依赖不对称现象具有一定程度的普遍性。传统的渠道理论在研究渠道关系时认为，相互依赖不对称会对渠道关系质量产生负面的影响，但这些研究几乎都是在工业品流通领域里进行，鲜有在农产品流通领域的相关研究，公司与农户之间的相互依赖不对称是一种常态，因此本研究的主题是契约型农产品的交易关系稳定性问题，研究分为：

第1章“问题的提出”。主要阐述了选题的依据，指出本研究的目的与意义，明确本研究的思路与研究重点，给出本研究的主题与内容安排。

第2章“‘公司+农户’模式：概念、类型与组织特征”。从“公司+农户”概念的起源和界定出发，介绍了“公司+农户”模式的类型，并从组织制度与金融制度变迁的角度探析了“公司+农户”模式的演进，指出了“公司+农户”模式的组织特征是准纵向一体化，“公司+农户”模式关系本质是契约关系。

第3章“契约型农产品交易关系稳定性研究综述”。通过对国内外关于农产品交易关系稳定性的相关研究进行梳理，发现现有文献从交易成本理论、关系契约理论和社会网络理论等不同视角对该契约型农产品交易关系稳定性做了很多有价值的研究：市场不确定性、契约不完备、履约机制不完善以及利益驱动与利益分配是导致公司与农户之间违约率居高不下的根本原因；产品和资产的专用性、农户的生产经营规模、合同条款的设计、“公司+农户”的运作模式、社会文化因素以及农户人际关系等都是影响“公司+农户”模式稳定性的重要因素；通过制定规范完善的合约、增加专用性投资、组织形式创新以及关系治理等策略，可以提高公司与农户之间的履约率，增强“公司+农户”模式的稳定性。

第4章“渠道权力理论：相互依赖与渠道权力结构”。关于权力的来源有两种不同的观点——“依赖—权力说”和“权力基础说”。“依赖—权力说”认为权力来源于渠道成员之间的依赖，“权力基础说”认为权力来源于6种权力基础：奖赏权、强制权、合法权、感召权、专长权和信息权。这两种观点都派生于有价值的资源，其实质是一样的。一个渠道成员对另一个渠道成员的依赖程度的影响因素可以归为交换关系产出的大小、替代关系的多少与替代的难易程度和替代成本的高低。在一个二元渠道关系（A－B）中，以渠道成员（A和B）间的依赖关系为二维坐标，根据成员之间依赖程度的差异，可以将渠道权力结构划分为高度权力均衡、低度权力均衡、权力倾斜（A）和权力倾斜（B）四种形态，在不同的渠道结构形态中，成员之间的关系稳定性存在差异。

第 5 章“契约型农产品交易关系模式中的渠道权力结构”。运用渠道权力理论分析“公司 + 农户”模式渠道权力结构状态，通过分析构成依赖的两个方面：交换产出大小和替代稀缺性发现，当公司与农户市场都处于完全竞争状态时，彼此处于低度依赖均衡状态；而公司与农户市场处于其他市场结构状态时，农户都会依赖于公司，渠道权力向公司方倾斜。然而，随着经济的发展，农户家庭收入快速增长且更加多元化，家庭经营收入在农户家庭收入中所占比重下降，农户对公司的依赖性也随之下降，这将给“公司 + 农户”模式的发展带来新的挑战。

第 6 章“契约型农产品交易关系违约机理分析”。从渠道权力理论的视角探讨“公司 + 农户”模式的违约机理，研究发现公司与农户是否违约取决于从交易中获得的效用（利益）大小、市场中合作伙伴替代稀缺性的程度以及转换成本的高低等因素。在契约型农产品交易关系中，公司与农户在契约签订后面对的现实是：农产品生产与需求的不确定性导致的价格的剧烈波动，大量的契约外的农产品生产者的存在以及契约外农产品买家的存在，农产品进入市场的低门槛（转换成本比较低）等。这不但为公司或农户提供了违约的动机，还为其提供了违约的条件，在违约收益大于成本时违约往往会成为现实，因此“公司 + 农户”模式中契约关系从签订开始就带有一定的脆弱性，交易关系不稳定。

第 7 章“契约型农产品交易关系中违约表现形式”。通过对实践中“公司+农户”模式违约行为的整理与分析，发现存在于该模式中的机会主义行为主要有基于信息不对称的“逆向选择”和“道德风险”行为、基于资产专用性投资的“敲竹杠”行为、基于集体行动的“搭便车”行为和基于博弈次数（交易频率）的短期化行为等四种类型。导致机会主义行为产生的原因主要有作为行为主体的公司或农户的有限理性、信息不完全和不对称、资产的专用性和行为的短期化等。

第8章“契约型农产品交易关系不稳定的解决思路”。要克服“公司+农户”模式中契约关系稳定性的脆弱性，可以通过遵循三种思路采取相应的措施来提升契约型农产品交易关系的稳定性：扩大契约市场均衡区间，如通过节约交易费用提高合作收益、通过签订浮动价格保证预期收益，以及通过利益补偿机制保障合理收益等措施，让契约公司与农户在合作中能够达到“利益共享”；增加替代稀缺性，通过减少市场上的替代关系，或通过大力发展农民专业合作社尽可能地提高农户的组织化程度，或通过大力扶植家庭农场的发展来扩大农户的规模，提升农户的替代稀缺性；提高替代成本，通过增加公司与农户双方在合作中的专有资产的投入，可以提高违约的替代成本，从而将公司与农户双边锁定在交易关系中。

第9章“一个简短的案例：温氏‘公司+农户’模式”。在温氏集团“公司+农户”模式中，一方是农业龙头企业的巨无霸，另一方是单个分散为数众多且规模很小的农户，渠道权力结构严重失衡且向温氏集团倾斜。温氏集团通过对农户做出最低价格承诺(只赚不亏)、补贴制度（二次分配）等利益共享机制满足合作农户的利益诉求，保证了农户从契约关系中获得足够的效用，阻断了农户的违约动机。温氏集团通过大力发展家庭农场，扩大合作农户的养殖规模，不但可以提升单个农户在市场中的替代稀缺性、突出单个农户在合作中的重要性，从而增强温氏集团对单个农户的依赖，还可以在一定程度上化解权力强势方在面对因权力结构过度倾斜而导致的当权力弱势方采取一致性的“反抗”行为时的权力失效问题，巧妙瓦解了违约条件。温氏集团不但自己在合作中投入大量的专有性资产，还设置准入门槛，让合作农户也进行专有性资产的投入，提高违约成本，将双方双边锁定在交易关系中。

2 “公司+农户”模式：概念、类型与组织特征

在我国农业产业化过程中，“公司+农户”模式曾一度被认为是带动“小农户”进入“大市场”的有效方式，得到广泛推崇，备受政府、学者、农业龙头企业和农户等的青睐，成为农业龙头企业与农户合作的经典模式，也一度被认为是提高农业产出、带领农户致富、推动农村经济发展的好路子。但在实践中，“公司+农户”模式因难以克服“违约率高”和“企业和农户间的利益分配不公平”两大问题而饱受诟病（刘凤芹，2009）。尽管如此，“公司+农户”模式在连接分散独立的小农户和大市场之间功不可没，龙头企业利用自身的信息和技术优势，组织农户科学生产，可以更好地保障农产品市场的有序供应，同时减少农产品市场交易成本，提高整体经济效益，增加农户收入。因此对“公司+农户”模式进行追本溯源的研究，厘清“公司+农户”模式的内涵，弄清楚“公司+农户”模式的类型与演进路径，把握“公司+农户”模式的组织特征与关系本质，对“公司+农户”模式发展及在该模式中的公司与农户交易关系的稳定，有着重要的理论价值和现实意义。

2.1 “公司+农户”概念的起源与界定

刘允洲和陈健（1988）在“组织创新与经济发展研讨会”上，提出“‘公司+农户’模式是深化农村改革的一种思路”，被认为是首次正式提出“公司+农户”的概念①。孙武超（1990）认为“公司+农户”是贫困山区发展经济的一种模式，通过公司的作用，提供“四位一体”的社会化服务，并通过“四位一体”的适度规模经营对市场、基地、科技和服务进行有机协调并形成合力，形成适度规模经营的专业化的农村经济发展新体系。河南省信阳地委书记董雷（1993）提出“公司+ 农户”是发展农村市场经济的有效途径，并将其界定为“以实体公司为龙头，联系农户，签订合作经营合同”的做法。1993 年 10 月 3 日《农民日报》上一篇名为《“公司+农户”——一种新的经济共同体》的文章指出“公司+农户”模式的核心是用合同连接农户，“将生产者、加工者、销售者、经营者结成风险共担、利益均沾的共同体”②。中共河南省委政研室农村处（1994）认为“公司+农户”是贸工农一体化经营的一种通俗说法。蒋伯英（1994）认为“公司+农户”是“以市场为导向，以公司为龙头，以区域经济为基础，以扩大经营为目的，构筑小农户向大市场的连接和桥梁，形成产供销一体化的经济共同体”。徐恩波和徐卫锋（1995）认为“‘公司+农户’作

① 关于“公司+农户”的概念的首次提出，学术界存在分歧。杜吟棠（2002）认为“公司+农户”的提法，最初见于河南信阳地委书记董雷发表的《发展农村市场经济的有效途径——“公司+农户”》一文，具体参见：杜吟棠．“公司+ 农户”模式初探——兼论其合理性与局限性[J]．中国农村观察，2002(1)：30－38. 高阔和甘筱青(2012)则认为最早提出“公司+ 农户”概念的应该是刘允洲，具体参见：高阔，甘筱青．“公司+农户”模式：一个文献综述(1986—2011)[J]．经济问题探索，2012(2)：109－115.

② “公司+农户”—— 一种新的经济共同体[N]．农民日报，1993－10－03.

为一种新的生产经营形式，其基本的内涵是以国内外市场为导向，以经济利益为纽带，以合同契约为手段，以农副产品加工、销售等企业为中心，团结一大批专业化生产的农户，结为一个利益共同体进行生产经营活动”，从而较好地解决了农户和市场顺利对接的问题，以及家庭经营规模狭小和充分利用规模经济的问题。牛若峰和夏英（2000）认为“公司+农户”模式是一种利益共享模式，企业能够为农业生产提供组织、营运、服务、信息、市场和新技术，为农户带来更大的收益。李成贵（2002）从企业和农户的相对自然禀赋的角度出发，认为“公司+农户”模式是一个利益共享的结合，因为企业拥有资本、管理、技术和营销渠道，而农户拥有土地和劳动力。杜吟棠（2002）认为“公司+农户”的提法并不是一个严格的理论术语，而是一种比喻性用语，用以“描述我国分散和相对封闭的农户借助公司这一形式与市场发生联系的做法”，并归纳出对于“公司+农户”模式内涵的两种见解：①“公司+农户”特指公司与农户之间通过签约形式建立固定互惠互利的供销关系的经营模式；②“公司+农户”不仅指公司与农户以签约形式建立互惠互利的供销关系，还包括合资、入股的紧密型联合，也包括不受合同约束的松散型联合，甚至还包括公司与农户之间实行“租地—雇工经营”或“土地反租倒包”形式的联合。刘凤芹（2009）将“公司+农户”的合作模式看作是企业和农户之间的一种长期合约关系。聂辉华（2012）从契约的角度，将“公司+农户”模式界定为“是由一个专业化的公司（俗称‘龙头企业’）与多个农户签订单期或多期契约，公司按协议价格集中收购农户的产品，然后进行加工并向市场销售。公司有时还为农户提供产前和产中的原材料或技术指导。由于农户是根据龙头企业的订单进行生产的，因此这种模式又称为‘订单农业’”。夏春玉等（2009）也将“公司＋农户”及其拓展方式称为“订单农业”。订单农业，又称合同农业或契约农业，是指在农业生产之前，农户与公司或中介组织签订具有法律效力的产销合同，由此确定双方的权利与义务关系，农户根据合同组织生产，公司或中介组织按合同收购农户生产的产品的一种农业经营形式（刘凤芹，2003）。

学术界关于“公司＋农户”的界定见仁见智，并未形成一个统一的概念，但有一个比较一致的观点：“公司＋农户”是由公司和农户组成的利益共同体，它包括两个基本要素：自主经营的分散农户（生产者）以及与农户形成某种程度一体化的公司（组织者），只是在具体叙述时各有侧重。有的侧重于公司与农户之间的联结方式（孙武超，1990；董雷，1993；蒋伯英，1994），强调在市场导向下，公司通过合同或直接的利益机制把农户联结起来，形成供销一条龙、贸工农一体化的经济利益共同体。有的侧重于公司与农户所起的作用（徐恩波、徐卫锋，1995），认为“公司＋农户”作为一种新的经济组织联结形式，能较好地解决农户和市场顺利对接的问题，以及家庭经营规模狭小和充分利用规模经济的问题。有的侧重于要素组合方式（牛若峰、夏英，2000；李成贵，2002；杜吟棠，2002），认为“公司＋农户”通过公司出资金、技术和管理，农民出土地和劳动力，重新组合生产要素，对农业共同进行综合开发。更有些学者，在“公司＋农户”众多的联结方式中，突出强调通过“契约”方式的联结（如刘凤芹，2009；夏春玉等，2009；聂辉华，2012），并将该模式称为“订单农业”，尽管这种称呼有失偏颇，不能囊括公司与农户之间的所有联结方式，但足以见得，契约在联结公司与农户时的普遍性与重要性。

2.2 “公司+农户”模式的类型

“公司+农户”形式不拘一格，多种多样。专家、学者们大都在实地调研、案例分析的基础上，对“公司+农户”的运作模式进行归纳分类，但在分类标准的选择上见仁见智，形成了很多分类方法，归纳起来大致有如下几类。

2.2.1 按照农户所联系的公司的性质划分

按照农户所联系的公司或者实体的性质来归纳分类“公司+农户”运作模式，是专家、学者们在研究该模式时常用的分类标准之一。中共河南省委政研室农村处（1994）从河南省实际出发，通过调研归纳出五种“公司+农户”的基本形式，即“专业大户+农户”“专业合作社+农户”“专业协会+农户”“加工企业+农户”和“流通企业+农户”。蒋伯英（1994）将“公司+ 农户”归纳成“公司+农户”“企业+农户”“股份+农户”“合作社+农户”四种模式。纪尽善（1995）将“公司+农户”分成“流通企业+ 农户”“加工企业+农户”“专业协会+农户”“基层社（站）+农户”和“专业大户+农户”五种类型。潘禄高（1996）结合成都的实际，归纳出“龙头公司+农户”“加工企业+农户”“专业大户+农户”“专业合作社+农户”和“专业协会+农户”五种基本的“公司+农户”模式。陈绍智等（1997）在对西昌市“公司+农户”模式进行调研后，指出西昌市主要存在“公司+农户”和“组织户+农户”两种模式。杜吟棠（2002）按照资产属性的差异，将“公司+农户”模式中的龙头企业分为国有企业、集体企业、外资企业、私人企业和股份制企业等五种类型。

2.2.2 按照农户的组织形式划分

杜吟棠（2002）按照农户组织形式的差异，将“公司+农户”模式分为4类：①“公司+农户”模式，分散、独立的农户；②“公司+基地+农户”模式，通过乡、村行政领导部门来组织农户；③“公司+协会+农户”模式，通过各种专业技术协会来组织农户；④“公司+合作社+农户”模式，通过专业合作社来组织农户。黄志宏（2006）认为中国农业生产的社会化协作关系主要有专业协会、“公司+农户”、“公司+协会+农户”等模式，黑龙江省桦南县“鸿源米业”采用的是“公司+协会+基地+农户”模式。我国农户相对分散、独立，自组织程度较低，公司直接与农户建立一体化经营关系成本较高，难以扩大规模，于是，通过乡、村行政领导部门把农户组织起来的“公司+基地+农户”便成为较常见的形式（杜吟棠，2002）。

2.2.3 按照公司与农户联系的紧密程度划分

“公司+农户”运作模式中，公司与农户联系的紧密程度，是专家和学者们非常关注的问题之一，也是划分该模式类型的又一个重要的标准。按照公司与农户联系的紧密程度，林其屏（1994）、纪尽善（1995）、黄祖辉和郭红东（1997）按公司和农户之间利益联结的程度，将“公司+农户”分为紧密型、半紧密型、松散型和协作型4种模式；中国人民银行江西抚州分行课题组（1997）在调研的基础上，指出江西抚州存在紧密型、半紧密型和松散型三种“公司+农户”模式。郭红东（2002）从浙江省农业产业化发展的实际出发，认为龙头企业与农户联结既有松散型的，也有紧密型的。聂辉华（2012）将我国现有的农业产业化模式归为初级的“农户+市场”“龙头企业+农户”（或“公司+农户”，该模式又被称为“订单农业”）和“龙头企业+农场”三种基本类型，以及上述三种基本模式的衍生形式，如“龙头企业+合作社（或大户）+农户”“专业市场+中介组织+农户”和“龙头企业+基地+农户”模式①，区别在于企业与农户关系的紧密程度：“农户+市场”是一种单期契约；“龙头企业+农户”既有一次性的，又有多期的，当它是重复博弈时，是一种关系契约；“龙头企业+农场”则属于纵向一体化的多期契约。

2.2.4 按照公司与农户之间的制度安排划分

公司与农户在联结过程中，其制度安排多种多样，形成了各具特色的“公司+农户”模式。杜吟棠（2002）按照公司与农户之间制度安排的差异，将“公司+农户”模式分为“互惠契约”“出资参股”“市场交易”和“租地—雇工经营”（“土地返租倒包”）四种类型。与此类似，许治（2002）将“公司+农户”模式划分为签订产销合同、“订单农业”、土地入股和“返租倒包”四种类型。郭红东（2002）从浙江省农业产业化发展的实际出发，认为龙头企业与农户的利益机制是多形式、多样化的，既有经营层面的结合，也有产权层面的结合，并指出浙江省农业龙头企业与农户的利益机制主要有市场联结、合同契约联结、参股联结和承包约束机制四种类型。

“市场交易关系”并不能实现公司与农户利益的一体化，与公司独自经营模式没有什么本质区别；“租地—雇工经营”或“返租倒包”

① “龙头企业+合作社(或大户)+农户”是在龙头企业和农户之间引入一个中介组织，由龙头企业和农户分别跟合作社签约，这种模式在本质上与“龙头企业+农户”没有区别；“龙头企业+基地+农户”，即龙头企业通过基地与农户联结起来，它比“龙头企业+农场”模式显得更松散一些；“专业市场+中介组织+农户”，如果将专业市场的组织者看作一个龙头企业，那么它和“龙头企业+农户”也没有本质的区别。具体参见：聂辉华. 最优农业契约与中国农业产业化模式[J]. 经济学，2012，12(10)：315.

关系，实质上是公司独自经营的延伸；“互惠契约”关系和“出资参股”关系与现代企业制度中的契约一体化、所有权一体化趋势一致，体现了“公司＋农户”模式不同于其他模式的制度特征，因此是“公司＋农户”模式中最常见、最具代表性的结合方式（杜吟棠，2002）。

2.3 “公司＋农户”模式的演进

农业产业化是我国农业经营体制的又一次制度创新，制度变迁存在强制性变迁和诱致性变迁两种途径（黄祖辉、郭红东，1997；万俊毅，2008），因此，“公司＋农户”模式不是静态地存在，而是处于不断地演变与创新过程中的（赵志龙，2008）。

2.3.1 “公司＋农户”模式的组织制度变迁

盛先友（1999）指出合约型公司＋农户组织形式是农业产业化极具普遍性的一种，并从规范契约、资产专用性等角度进行分析，认为由于“公司与农户双方谈判力量不平衡”“信息分布不对称”“公司对‘非市场安排’的扭曲”以及“交易主体行为不确定性”等原因，“公司＋农户”就会演变为“公司＋农户合作组织＋农户”组织形式，属于诱致性制度变迁。周立群和曹利群（2001）认为农业产业化之初，合作社和“龙头企业＋农户”是主要经济组织形式，但都存在缺陷，合作社主要受制于资金不足和缺乏抵押性资产，“龙头企业＋农户”主要是契约不能对当事人构成有效约束，因此，有必要引入组织中介以克服这些缺陷，从而形成新的组织形式：“龙头企业＋合作社＋农户”或“龙头企业＋大户＋农户”。杜吟棠（2002）也认为“公司＋农户”存在局限性，“随着农业商品化程度的提高以及专业农户的认同感和农民自组织能力的增强，‘公司＋农户’模式就可能越来越多地被‘公司+协会+农户’模式所替代，进而被‘公司+合作社+农户’以至‘合作社+农户’模式所替代”。万俊毅（2009）也认为“公司+农户”模式存在一个不断演化和完善的过程，实践中已经出现“公司+农户”模式从单纯的远期交易合约，到有中介机构参加的联盟（如“公司+ 协会+ 农户”“公司+ 基地+ 农户”模式），再到准一体化组织的演化趋势，实现了公司与农户之间的利益联结从松散到半紧密再到紧密形式的诱致性制度变迁（诱致性变迁）；同时，政府出台的一系列有利于“公司+农户”经济制度完善的法律、法规，为“公司+农户”模式实现有效率的制度变迁提供了保障（强制性变迁）。张占东、张铭慎和焦伟娅（2010）指出“公司+农户”模式在我国经历了孵化、成形和演变三个阶段，其制度变迁过程呈现出诱致性、渐进性、局部性三大特点，由“公司+农户”模式发展到“农户+基地+公司”“农户+专业合作社+公司”等模式，最终将形成纵向的一体化治理结构。因此，通过“公司+农户”模式的演进趋势可以发现，在一个小农占绝大多数的农业经济里，较为现实的经济发展路径不是如何限制“小”甚至消灭“小”，而应该是在“小”的基础上，通过制度改进，实现大多数农户的福利增长（赵志龙，2008）。

2.3.2　“公司+农户”模式的金融制度变迁

借鉴金融工程学的思想来揭示“公司+农户”模式演进路径，是学者们探索的另一个焦点。何嗣江和张丹（2005）利用金融衍生品的演变规律，从“公司+农户”交易模式演进的必然性、形成合理的利益分配与风险机制的紧迫性等角度，揭示出“公司+农户”模式的演变及发展路径为：由“公司+农户”即期式交易模式演进为“公司+

农户”远期交易模式，进而向“公司＋农户＋期货”组合交易模式，甚至“公司＋农户＋期权”组合交易模式发展。

2.4 “公司＋农户”模式的组织特征：准纵向一体化

“公司＋农户”组织形式既不是市场化，也不是一体化，而是准一体化（生秀东，2001），是介于企业与市场之间的中间层组织形式（万俊毅，2008）。

关于企业的性质，现代经济学的主流解释是以科斯为代表的交易费用理论（曹正汉，1999）。科斯（R. Coase，1937）认为企业与市场是两种可以相互替代的协调劳动分工的方式，企业替代市场价格机制来协调劳动分工的条件是：企业内部管理协调成本低于市场交易成本。“企业不得不以低于被取代的市场交易所需的费用来进行工作。因为如果企业做不到这一点，退回到市场调节总是可能的”（科斯，1994）。科斯（R. Coase，1937）采用边际分析法，利用边际交易成本探寻企业的边界：如果企业内交易的边际成本大于市场交易的边际成本，则通过市场获得商品更为可取；如果企业内交易的边际成本小于市场交易的边际成本，则通过企业生产商品更为经济；如果企业内交易的边际成本等于市场交易的边际成本，则企业与市场可以相互完全替代，企业边界达到最优。张五常（Cheung，1983）对科斯的论断提出了质疑，他认为企业交易的对象是要素，市场交易的对象是商品，因此，企业代替市场应该是要素市场（劳动市场）代替产品市场，或者说是一种合约安排取代另一种合约安排，而不是用非市场方式替代市场方式来组织劳动分工。作为产权让渡工具，要素市场合约和产品市场合约并没有本质差异，且经济活动大都是通过合约来进行的，因此，企业的边界是不确定的。

尽管对企业的边界问题存在分歧，但无论是科斯“企业是以权威替代价格机制”的观点，还是张五常“企业是以劳动市场替代产品市场”的观点，都将原因归结为交易费用的节约，忽视了市场的不确定性和市场风险。科斯和张五常运用两分法将市场和企业的关系对立起来，忽视了两者之间的互补性（万俊毅，2008）。事实上，任何组织都是一系列契约关系的联结（Jensen & Meckling，1976），市场和企业只是一系列可供选择的组织方式分布的两个极端（万俊毅，2008）。

威廉姆森（1985）将经济活动的两分法（“企业—市场”）拓展为三分法（“企业—中间层组织—市场”），认为在有限理性和机会主义行为的假设前提下，资产专用性、交易频率和不确定性会影响组织一体化程度。资产专用性越高、交易频率越低和不确定越大的交易，其交易复杂程度越高；反之，则交易复杂程度越低。组织形式可以看作交易复杂性和绩效评估难度的函数，当交易复杂性和绩效评估达到一定程度，分别在某个域值范围内取值时，选择中间层组织形式进行生产的交易成本最小（万俊毅，2008）。我国现有的农业产业化模式主要有“农户 + 市场”“龙头企业 + 农户”（或“公司 + 农户”）和“龙头企业 + 农场”三种基本类型（聂辉华，2012）。“农户 + 市场”是单个农户自发进入市场参与农产品交易，农户与公司之间属于市场交易关系，是一对一的、一次性的契约关系。“龙头企业 + 农场”是龙头企业集生产、加工和销售于一体，雇用农民在企业租赁的农场或生产基地劳动，为农民工人支付工资，属于纵向一体化。“公司 + 农户”模式其实是位于公司与农户市场交易方式和公司纵向一体化之间的一个连续的谱。在现实中，往往按照农产品特性和交易特征，在公司与农户市场交易方式和公司纵向一体化之间取值，根据取值区间的差异，分为松散型、半紧密型和紧密型“公司+农户”等类型（万俊毅，2008），如图2-1所示。

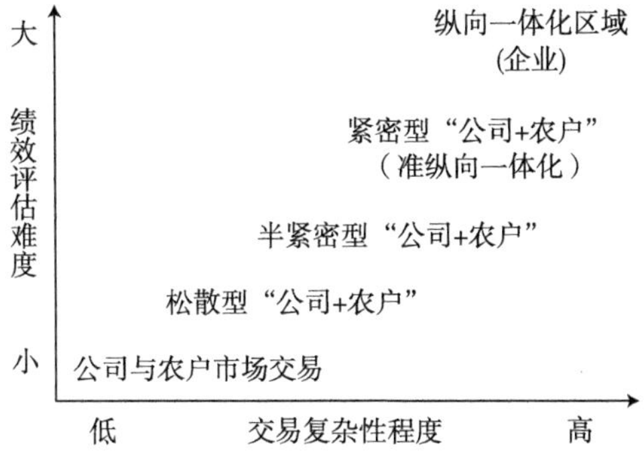

图2-1 “公司+农户”模式选择与交易变量的关系

资料来源：万俊毅（2008）

2.5 “公司+农户”模式关系的本质：契约型农产品交易关系

综上所述，“公司+农户”模式作为“大公司”与“小农户”之间的一种联结方式，是以市场为导向，在自愿互利的基础上，以具有一定实力的加工、销售或流通型企业为龙头，以合同、合资、入股等形式与农户建立互惠互利的供销关系，公司事先与农户签订经济合同，明确各自的权利和义务及违约责任，企业向农户提供产前、产中和产后服务，并按合同规定收购农户生产的产品，农户则根据合同组织生产，由此结成利益共同体，形成利益共享的农业合作经济组织。实践中，“公司+农户”组织模式在不断演进和创新，出现了“龙头企业+合作社（大户）+农户”“专业市场+中介组织+农户”等模式，在“公司+农户”基本组织模式的“组织链”中引入新的元素

（徐忠爱，2007），但其基本的“内核”仍然是“公司+农户”模式（张春勋，2010），“契约”成为联结产销双方的纽带。由于农户是根据龙头企业的订单进行生产的，因此“公司+农户”及其拓展模式又称为“订单农业”（夏春玉等，2009；聂辉华，2012）、合同农业或契约农业（刘凤芹，2003）。

3 契约型农产品交易关系稳定性研究综述

“公司+农户”模式在农业产业化的进程中能连通“小农户”与“大市场”，有效化解存在于“小农户”与“大市场”之间的矛盾，成为我国农业产业化采用率最高的经营模式之一。然而在实践中公司与农户之间的关系很不稳定，农产品销售契约违约率高达80%（刘凤芹，2003），居高不下的违约率已经引起学者们的广泛关注，“公司+农户”模式的稳定性也成为学者们研究的焦点之一，国内外学者们从不同的视角对“公司+农户”模式的稳定性进行了研究，形成了大量的研究成果。

3.1 国外关于农产品交易关系稳定性的相关研究

国外对契约型农产品交易的研究，主要在新制度经济学的框架下进行，研究成果主要集中在契约制农业的积极意义、影响契约选择的因素以及履约机制的选择。

3.1.1 契约制农业的积极意义

契约制农业可以控制农业生产过程中的风险，降低交易成本，提高农业生产绩效。契约制农业的出现，是在市场作用得到强化的背景下，适应消费者需求（Barkema，1993）的必然结果。农业生产的季节性、农产品的易腐性、农产品供应的非连续性，与农产品需求的及时性、连续性、普遍性的矛盾，使农产品生产、加工和销售各个环节联系的重要性日益凸显（登·乌登等，1996）。随着人口结构的变化，工作节奏的加快，妇女外出工作的增加等，要求农业生产需要更加稳定的供需关系（雷登和巴雷特，2000）。订单农业不但能够促进就业，改善妇女地位和地方经济等（Glover，1984；Goldsmith，1985；Williams & Karen，1985；Warning，2002），还能够使龙头企业获得稳定的原料来源，降低企业交易成本（Patrick，2004）。因此，契约型农产品交易的出现，具有很多积极意义：①控制风险。包括在农产品生产过程中农产品加工企业面临的中间投入品和最终产品的价格风险，农产品供应数量、质量和供给稳定性风险，食品安全和环境污染等风险，契约型农产品交易有助于控制农业生产过程中的各种风险（贝杰尔、施拉德，1998）。②节约交易成本。农产品生产和交易过程存在信息不对称，如果通过现货交易，由于农产品生产者和农产品收购（加工）企业对产品质量信息的不对称，很难保证交易效率。而通过稳定的契约建立起来的农产品交易关系，可以让下游的收购（加工）企业通过纵向协调，对农产品生产进行控制和监督，从而以较低的成本获得稳定的农产品原料供给，因此，农产品质量信息不对称是现代契约制农业出现的重要原因（David A. Hennesy，1999）。Frank 和 Henderson（1992）通过美国食品工业的实证研究发现，节约交易成本是食品工业以契约方式下调农业产业链的主要原因，而影响交易成本的因素主要有市场价格的不确定性、农产品原料生产者的集中程度、规模经济和资产专用性。③提高农业生产绩效。订单农业的发展有利于解决发展中国家小农在生产过程中面临的资金、技术、信息和产品销售等方面的问题，降低了农户小规模生产进入市场的风险，可以节约交易成本、降低生产成本、提高农业生产效率等（MacDonald，2004；Key，2003）。

3.1.2 影响契约选择的因素

通过查阅国外文献，发现大多数的学者比较认同农产品的生产特征、农产品交易主体的特性和交易环境是影响契约选择的关键变量，而契约选择所要解决的关键问题是降低交易成本、合理配置风险、合理分配产权、选择适当的激励机制、评估绩效等（Boger & Silke，2001；Sykuta & Cook，2001；Bogetoft，Peter，Olsen & Henirik，2002）。多沃德（2000）认为，农业产业化过程中影响契约选择的关键变量是交易成本、风险配置以及产权安排。塞克塔和库克（2001）综合运用新制度经济学的契约理论、产权理论和委托—代理理论，比较研究了合作社和成员的关系、投资者所有的公司和农场主的关系，结果发现，契约双方的产权配置、激励机制的选择和考核机制的使用是影响契约设计的关键要素。

3.1.3 履约机制的选择

国外文献对订单农业履约机制进行了比较多的研究，整理发现，一部分文献强调法庭（或法律）在订单农业合同履约方面的重要性，另一部分文献则强调其他履约机制在保证订单农业合同履约方面的重要性。①交易环境会影响履约机制的选择。Rusten（1996）以墨西哥为案例，对发展中国家订单农业发展问题进行研究，结果发现，契约人的选择、政府在法律等方面为农产品创造的条件，对发展中国家农产品订单的履约有非常重要的作用。Eaton 等（2001）则通过对发展中国家订单农业的研究发现，订单农业的成功受诸多因素的影响：

农产品的市场需求，农户选择的针对性，企业对农户进行的培训和提供的服务，以及政府在法律、农业技术推广、基础设施建设等方面为订单农户创造的条件，等等。但由于诉诸法庭来保证订单合同实施的成本较高，加之法庭外的其他履约机制的存在，农户一般不会选择通过法律来保证合同的实施。Bechmann 和 Boger（2002）对波兰 306 家参与订单生产的生猪养殖户的履约情况进行的实证研究也证实了这一点，他们的研究结论表明，多数养殖户（61.5%）不愿意通过法庭保证合同的履行。Tregurtha 和 Vink（2002）对南非农村农产品生产者与销售者的订单履约情况进行研究，结果发现，合同双方的信任关系比正式的法律制度在保证合同履约方面更有效率。另外交易特征、养殖户与购买者的关系等因素也会影响法庭在保证订单合同履行方面的效率。②资产专用性影响契约期限的长短。Bardos 等（2003）针对匈牙利肉牛生产的契约期限设计问题，应用交易成本理论进行研究，结果发现，资产专用性与契约期限的长短成正比。但在不确定性变得重要的情况下，订单农业的契约期限越长，发生不可缔约情况争执的可能性就越大，谈判成本就随之增加，此时，随着契约时间的延长，边际成本递增，边际收益递减，当契约时间的边际收益等于边际成本时，则是最佳的契约期限选择（Bardos et al.，2003）。③交易主体的规模和实力差异会影响订单契约的履行。Zylbersztajn（2003）应用交易成本理论，对巴西东北部 1523 户参与西红柿订单生产的农户履约情况进行定量研究，结果发现，农户的生产经营规模与履约率呈正相关关系，即生产经营规模越大的农户履约率越高，生产经营规模越小的农户履约率越低，同时农户离销售市场的距离与农户违约的概率正相关，价格随行就市的合同比固定价格的合同履约率高。农户规模的大小决定着交易双方的力量对比，如果交易双方力量对比是势均力敌，双方会在试图对另一方施加影响的相互磨合中达到某种均衡，如果交易双方力量对比失衡，则相对强势一方总期望控制相对弱势一方，从而产生机会主义行为，造成关系不稳定（Gary L. Frazier，1999），从而影响交易的稳定性。④设计恰当的合同条款有利于保证合同的履行。Rusten（1996）对发展中国家订单农业发展问题进行研究，并以墨西哥为案例，认为合同条款的设计有利于保障契约农业的稳定性、提高农户的履约率，Eaton 等（2001）通过对发展中国家订单农业的研究也支持了这一点。

国外众多文献的研究结论表明，在解决发展中国家农业生产的分散性与大市场的对接问题上，契约制农业功不可没。小型且分散，是大多数发展中国家农户的固有特点。在一定经济条件约束下，家庭经营的小规模农业生产有其经济社会优势，是一种有效的选择，也是农业潜在增长的重要源泉。随着经济和社会的发展，市场化程度的推进，这种小农生产模式难以获得及时有效的市场信息、科学合理的生产技术以及资金支持。通过契约制农业，农户与龙头企业建立稳定的契约联系，可以实现双赢：农户不但可以获得农产品销售的保障，而且还可以获得关于市场、技术、经营管理、资金等方面的支持；龙头企业则可以获得高品质的、稳定的原材料供应。国外主流文献在新制度经济学的框架下，对农业纵向产业链上的联结方式产生的原因、联结方式和履约等进行分析，主要从事后治理和提高适应性的角度，研究不同交易特性和相对应的组织方式，以及和治理机制的合理匹配问题。有部分文献强调利用第三方（法庭）来保证新古典契约农产品交易的适应性，并强调法律在订单农业合同履约方面的积极意义。但农产品交易绩效很难以由第三方证实或证实成本高昂，这就使得依赖第三方实现契约灵活性的新古典契约，无法解决农产品交易契约的持续性和复杂性等问题。因此，有不少文献利用交易成本理论框架，实证研究订单农业合同履约情况，强调法庭外的其他履约机制（合约双方的信任关系、养殖户与购买者的关系等）在保证订单农业合同履约方面的重要性。

3.2 国内关于农产品交易关系稳定性的相关研究

国内已有的研究成果显示，学者们主要从交易成本理论、关系契约理论和社会网络理论等层面对“公司+农户”模式的稳定性研究做出了有益的探索。

3.2.1 交易成本理论视角

3.2.1.1 交易费用理论

1937年英国经济学家罗纳德·哈里·科斯（R. H. Coase）在其经典论文《论企业的性质》中提出交易成本理论。Coase（1937）认为在市场交易过程中，使用价格机制是存在成本的，即交易成本，交易成本是获得准确市场信息所需要的费用，以及谈判和经常性契约的费用。Coase（1960）指出，交易成本由信息搜寻成本、谈判成本、缔约成本、监督履约情况的成本、可能发生的处理违约行为的成本构成。以威廉姆森（Williamson）为代表的很多经济学家在科斯经典研究的基础上，对交易成本理论进行了卓有成效的拓展性研究。Williamson（1975）将交易成本分为搜寻成本、信息成本、议价成本、决策成本、监督交易进行的成本和违约成本。Williamson（1985）进一步将交易成本加以整理，区分为事前与事后两大类，事前的交易成本包括签约、谈判、保障契约等成本，事后的交易成本包括适应性成本、讨价还价的成本、建构及营运的成本、约束成本等。Dahlman（1979）则将交易活动的内容加以类别化处理，认为交易成本包含搜寻信息成本、协商与决策成本、契约成本、监督成本、执行成本和转换成本。

钱钟好（2000）运用交易费用理论对江苏如意集团农业产业化经营这一典型案例进行研究，认为农业产业化经营作为一种组织和制度创新，是一个典型的纵向一体化的过程，其生成和存在的根本动因就在于：通过组织边界的扩张，借助于组织对市场的替代，变市场交易为组织内的交易，节约交易费用。傅晨（2000）运用案例研究的方法，对广东温氏集团“公司+农户”产业化经营模式成功的原因进行分析，他认为一个很重要的原因就是“公司+农户”的一体化经营，以非市场安排节省了企业与农户配置资源的市场交易费用，把企业与农户紧紧连在一起，形成了健康的利益分配机制。公司向大批农户直接提供鸡苗、饲料等各种服务，节省了市场交易费用；农户从公司获得有保障的原料成鸡供给，也节省了巨大的市场搜寻和交易费用。邓宏图、米献炜（2002）对内蒙古塞飞亚集团有限公司和农户持续签约的案例进行分析，认为交易成本和风险分布两个因素决定合约的安排，合约选择是一个不断适应约束条件变化（包括交易成本结构、信息结构、风险分布以及知识分布等因素）的动态过程。赵慧娥、孙林（2004）从交易费用理论和组织成本的角度对“公司+农户”模式不稳定性原因进行分析，认为通过产业化经营，使企业、农户联合，通过建立经营一体化组织创造的“合作剩余”包括合作双方因一体化组织内部的“非市场安排”节省的交易费用和因“聚同协和”效应、高效率地利用给定的资源创造的“增量利润”；但公司组织小规模、大数量的农户成本较高，产生“倍同效应”，会抵消“非市场安排”创造的“合作剩余”。农业产业化组织受内部交易费用与外部变量的影响，当内部成本过高，以致边际成本超过市场边际费用时，共同体就会破裂、解体，违约现象就会发生。万俊毅（2008）通过对温氏模式进行分析，认为温氏与农户形成紧密型的准纵向一体化的关系，降低了与农户的交易成本。

“公司＋农户”模式，作为农业产业化经营中的一种主流模式，其实质就是借助一体化实现企业对市场的替代，节约交易费用。学者们一致认为：“公司＋农户”模式稳定性取决于该模式作为一种组织或制度创新能节约的交易费用大小。

3.2.1.2 资产专用性

威廉姆森（1985）将交易区分为资产专用性（asset specificity）、不确定性（uncertainty）和交易的频率（frequency of transaction）三个维度。资产专用性出现在跨期情景中，指具有耐用性的人力或物质资产在何种程度上被锁定在某特定关系中，由此相对于可供选择的经济活动所具有的价值或经济租金。资产专用性可以区分为位置的专用性、物质资产的专用性、人力资本的专用性和专项投资成本。威廉姆森（1991）拓展了资产专用性的内容，增加了瞬时专用性，即必须在特定时间使用的专用性资产，也称为时间专用性资产。Williams（1985）和 Karen（1996）认为资产专用性对契约的履行影响重大，交易一方违约所获得的收益是以损失专用性资产投资为代价的。

尹云松、高玉喜、糜仲春（2003）通过对 5 家农业产业化龙头企业个案中公司与农户之间商品契约的内容、类型、特征、稳定性以及可能的变迁方向进行实证分析，认为在公司选择守信的前提下，与公司签订商品契约的农户的类型和契约产品的专用性是影响公司和农户间商品契约稳定性的两大类因素，其中产品专用性是决定商品契约稳定性的首要因素。在产品专用性强的情况下，商品契约的稳定性不受与公司签约的农户类型的影响，所有商品契约都非常稳定。只有在产品专用性弱和中等的情况下，商品契约的稳定性才取决于与公司签约的农户的类型：与大农户签订的商品契约稳定性较好，而与小农户签订的商品契约则一般是无效率的和不稳定的。并据此提出三点提高公司与农户间商品契约稳定性的建议：根据产品的专用性签订商品契约；通过组建中介组织、发展大农户等来改善商品契约的稳定性；同时应充分发挥信誉机制的作用，以增强商品契约的稳定性。孟枫平、尹云松（2004）从产品专用性程度的视角，通过典型案例对公司与农户间的契约稳定性做出进一步分析，认为签约产品专用性的强弱是分析商品契约稳定性问题的基本前提：产品专用性强的商品契约，自身能有效地抑制农户将产品转售市场的机会主义行为，因而契约是稳定的；产品专用性弱的商品契约，实行市价加成法并不能有效地抑制农户的机会主义行为，实践中成功运用的虚拟高价法则可以有效地抑制农户的机会主义行为，从而确保商品契约的稳定。侯守礼等（2004）通过考察黑龙江和上海两地的五个案例，对乳品公司与奶农之间契约进行了实证研究，研究结果表明影响契约稳定性的重要因素是产品和资产的专用性：签约产品的专用性越强，农户越愿意签订稳定的契约，违约的概率也越小；投入资产的专用性越强，农户的转换成本就越高，违约的概率也越小。张兵和胡俊伟（2004）对“公司＋农户”模式下的违约行为进行了经济学分析，也得出了类似的结论。周立群和邓宏图（2004）运用案例研究方法，考察了塞飞亚公司与农户签约的“历史”，分析了“公司 + 农户合约”转化为“公司 + 农户 + 基地”的“准一体化合约”的各种现实约束条件，解释了公司和农户各自进行“专用性资产”投资，却并未缔结成经典企业理论所定义的一体化科层组织结构的原因。他们认为“公司 + 农户 + 基地”的合约形式是一种介于市场交易和完全一体化的中间形态，并论证了该模式兼有市场高能激励和降低交易成本的双重优势，是给定条件下的最优合约。郑强国和李宁（2005）将农户的资产专用性区分为时间的专用性、产品的专用性、工具的专用性以及人力资本的专用性，公司的资产专用性主要体现在厂房、设备和仓储等基础设施的投资上；通过对五个案例中涉及的公司与农户间资产专用性与治理机制进行分析，认为对于公司与农户之间的契约关系，应该根据不同的资产专用性选择不同的治理机制，以提高交易双方的信用水平：资产专用性程度低的农产品交易，选择市场治理模式；资产专用性程度较高的农产品交易，采用混合治理模式；资产专用性程度特别高的农产品交易，等级治理（纵向一体化）将是最优选择。

赵西亮等（2005）通过对农产品市场波动性、农户特征和农产品商品契约履约率的决定等方面的分析，指出有关增加专用性投资、提高农户信誉、加强法律约束的建议都不能提高农业契约的履约率。在农业契约稳定性方面，关键是风险分担机制的设计。农户的联合和企业的保险作用应该是解决农业契约履约率过低的基本方向。范其学（2007）通过考察三个乡村的烟草种植业的一个典型契约，发现烟农的天然弱势地位决定了只靠烟农自身无法签订平等契约，而且烟农一旦做出专用性资产投资后，就被锁定在交易关系中，处于极为不利的境地。

俞雅乖（2008）将农业产业化主体的专用性投资分为产品专用性投资、技术专用性投资和人力资本专用性投资，认为在其他条件不变的情况下，农业产业化契约的稳定性受主体专用性投资程度的影响，且契约稳定性随着主体（农户与龙头企业）专用性投资的增加而增加。

关于专用性投资对契约稳定性的影响，大多数学者的观点是一致的：专用性投资是影响契约稳定性的重要因素，且增加专用性投资有利于提高契约的稳定性。但赵西亮等（2005）则认为通过增加专用性资产投资不能增加农户的履约率，因为在农业契约中，农户的专用性投资很少，并且很多投资并不是专用性投资；而企业的专用性投资，特别是利他性专用性投资的存在，更加剧了农户事后的机会主义行为，降低了履约率。

3.2.2 契约理论视角

契约型垂直渠道系统是指处于生产和分销的不同层次的独立公司，为了获得单独经营所达不到的经济利益，以契约为基础实现的经济联合体（科特勒等，2009）。在这种交易方式下，相互独立的渠道成员通过正式的契约安排联系在一起（Erdem，1994），并以契约为基础来统一它们的行为以谋求比独立行动更大的收益（科特勒，2002）。公司与农户之间的交易对象是农产品，因此这种契约型关系往往被称为契约型农产品交易关系（徐建，2010）。李泽华（2000）将契约型农产品交易关系定义为农产品供应者和购买者之间通过签订书面协议或其他书面承诺方式，约定商品交易数量、规格、质量和价格等条款，而后再按协议规定时间和批次完成实物交割并结算货款的交易方式。陈孟平和李兴稼（1997）认为契约型农产品交易关系是用契约取代外部市场上的一系列一次性交易，以实现外部市场交易内部化和经营一体化。贾愚和刘东（2009）将这种交易方式称为“超市场契约”，并指出企业以管理输出的方式对产业链整体的生产过程进行协调和控制是该交易模式的核心。在实践中，农户与农产品加工流通企业之间的契约型交易方式，在我国一般被称为农业产业化或订单农业（徐建，2010）。

法学家伊恩·麦克内尔提出了关系契约的概念，对分立的交易和关系交易进行了区分，将契约分为古典契约、新古典契约和关系契约（Macneil，1971，1974），并且强调，研究各种类型契约正确方法的核心是认识到所有交易在社会关系上的嵌入性（Macneil，1998）。菲吕博顿和瑞切特将契约分为古典契约和关系契约。古典契约是完全契约，即事前对于契约有效期及各项权利、获得收益的条件等条款做出明确规定，遗漏条款则有合同法可依循并予以弥补。关系契约则是不完全契约，由于签署契约各方的有限理性和交易成本的存在，使得契约是不完备的，并且这种不完备无法通过合同法来弥补，而要依靠在一个关系体系中的连续的协商来解决。从嵌入性的角度看，在古典契约条件下，交易双方签署的合同（通常是成文的）依凭合同法，合同法构成了完全的缔约背景；在关系合同的条件下，交易双方签署的契约只部分依靠于法律体系，部分则嵌入于人格化的关系体系之中（刘世定，1999）。

现有的文献表明国内学者们主要从契约不完全性、契约的类型、契约条款设计、契约治理等角度探讨了农户的违约行为，取得了很多有价值的研究成果。

契约不完全性。周立群和曹利群（2001）通过调查研究山东省莱阳市龙头企业和农户的订单农业，发现“龙头企业 + 农户”组织形式存在契约约束的脆弱性和协调上的困难等内在缺陷，其根本原因在于契约的不完全性和双方的机会主义行为，导致这种组织形式极其不稳定：当市场价格高于双方在契约中事先规定的价格时，农户存在着把农副产品转售给市场的强烈动机；在市场价格低于契约价格时，龙头企业则更倾向于违约弃约而从市场上进行收购。由于农业生产过程中存在着许多不能人为控制的自然变数（如天气）和经济变数，农副产品价格波动较为明显，要在订立契约之初就准确地预见未来农副产品价格基本上是不可能的，在履行契约时，总会有一方采取机会主义的行为，而不仅仅是潜在的。黄祖辉和王祖锁（2002）认为公司与农户之间的合约是不完全的，不完全合约会导致敲竹杠问题：合约的不完全性会影响合约双方事先对剩余的分割，而在事后分割中，专用性投资会降低投资者讨价还价的地位，另一方则会索取比事先协商好的更多的事后剩余。因此，事后的机会主义行为将使缔约的一方不愿进行专用性资产的投资。刘凤芹（2003）用不完全合约理论分析了我国农产品销售合约的问题，认为我国合约的不完全性是农产品销售合约履约率低的内在原因，并区分了产生于不同原因的两种具有本质区别的不完全性：“通常意义上的”不完全性和“注定”不完全性，由此适用于两种不完全性的不同解决方案和制度安排。对“通常意义上的”不完全性，可以采取市场和行政、法律的手段；而对于“注定”不完全性，经济学和法律均没有更好的解决方案。侯守礼等（2004）认为农业产业化发展中的“公司 + 农户”模式本质上是以“契约”为特征，且契约是不完备的；“公司 + 农户”方式形成的产业化组织存在制度缺陷，不利于保护农民利益，也不利于契约关系的稳定。张兵和胡俊伟（2004）认为“公司＋农户”的组织模式存在制度缺陷，这表现在合约的不完全、机会主义行为、敲竹杠行为以及风险分担机制的缺乏等方面。制度缺陷的存在使得违约的收益高于违约的成本，导致大量违约现象产生。学者们一致认为“公司＋农户”的组织模式中存在的农产品交易契约是不完全的。契约不完全使“公司＋农户”的组织模式存在制度缺陷，也是该模式不稳定的根本原因。要减少和规避违约现象的产生，就必须改善和创新现有的组织模式，减少合约违约的收益或者增加其违约的成本，这需要一系列的制度安排：规范和完善合约，成立中介组织，进行专用性投资，以及建立风险分担机制，等等。

契约的类型。周立群和曹利群（2002）认为契约在联系农业产业化链条方面具有重要的作用，龙头企业主要是依靠契约来联结和带动“龙身”“龙尾”的发展，根据契约对象和性质的不同，龙头企业有要素契约和商品契约两种契约形式可以选择。基于农业生产过程中的特殊性，单纯的要素契约很难在现阶段的农业生产过程中发挥作用。他们还以农业产业化经营中的商品契约为例，说明商品契约完全有可能在长期内稳定，其稳定性主要是通过专用性投资和市场在确保履约方面的作用来实现，以致足以保证龙头企业长期支配农户的土地和劳动力要素，达到与要素契约相同的效果。张占东、张铭慎和焦伟娅（2010）认为“公司＋农户”模式在我国经历了孵化、成形和演变三个阶段，是符合我国国情并能长期存在的过渡性质的次优制度安排，在现阶段商品契约优于要素契约。徐忠爱（2008）则认为公司和农户缔结的契约是有别于商品契约和要素契约的超市场契约，其内容是在实施过程中，逐步充实和展开的；整个交易过程伴随着生产过程，渗透在生产过程中；被交易的产品是双方多重复合交易的成果。这种契约关系的治理以提升公司和农户的信任关系为基础和前提，信任机制不仅可以降低交易成本，还可以通过互动式因果关系来交流和分享默认知识与信息，以达到交易价值的最大化，从而确保契约关系的稳定和高效率。公司与农户之间的契约是不完备的，对于这一点学者们的观点高度一致。在公司与农户之间契约的类型上，学者们的观点存在分歧。有些学者认为公司与农户之间选择的是商品契约，通过专用性投资和市场在确保履约方面的作用达到与要素契约相同的效果（周立群、曹利群，2002）；有些学者认为在现阶段，公司与农户之间的商品契约要优于要素契约（张占东、张铭慎、焦伟娅，2010）；有些学者则认为公司和农户缔结的契约既不是商品契约，也不是要素契约，而是一种超市场契约（徐忠爱，2008）。

契约条款设计。无论是何种类型的契约，契约条款的设计都会对履约行为产生重要的影响，这也是学者们的又一项重要的研究内容。齐备、准确的合同条款是提高履约率的基础（史建民，2001），合理的合同条款的设计有利于保障契约农业的稳定性、提高农户的履约率。薛昭胜（2001）认为企业和农户违约的根源是利益风险机制不健全，收益问题是影响违约行为的重要的直接因素。农产品市场价格具有不确定性，如果合同规定以固定价格交易农产品，企业和农户之间就构成了一个不完全信息静态博弈，违约成为必然。当合约一方面临不确定性风险，而又缺乏合理、有效的风险分摊机制时，违约就成为不争的事实了（赵西亮，2005；张兵、胡俊伟，2004）。郭红东（2006）以浙江省农业龙头企业为例，实证（Logit 计量模型）分析了订单安排和订单履约的关系，研究表明“保底收购、随行就市”的价格条款、“投入要求”和“奖励措施”的保障条款及“口头协议”的形式对订单的履约有显著的正面影响，对于订单的履约有很好的保障作用。郭红东和蒋文华（2007）应用ECAEP分析框架对订单蜂业典型个案进行分析，发现订单安排会对订单履约产生直接影响。农产品交易过程面临诸多风险，学者们围绕风险分摊机制进行研究，认为风险分摊机制的缺乏使得违约成为可能，利用风险基金和价格条款的合理设计可以在一定程度上对风险进行分摊，因此，一致认为契约条款设计会影响当事主体的履约行为，齐备、准确的合同条款可以提高当事主体的履约率，可以较好地防范违约行为的发生。

契约治理。陈灿等（2007）认为农业企业与农户之间的交易，实质上是一种关系契约，这种关系的特点是：长期、不完备、伴随着更多的不确定性和风险等（Macneil，1978），其治理不能仅仅依靠法规、制度、合约等正式措施，需要加入信任、互惠、合作等关系治理（relational governance）手段，关系治理与正式治理措施互为补充、相互促进，共同保证令双方满意的交易绩效和关系契约的顺利进行，且不同的组合适应不同的交易特点和商业环境因素，并带来不同的交易绩效。万俊毅（2008）通过温氏模式，分析关系治理对于履约的重要性，认为温氏借助信任、互惠、灵活性、声誉机制和有效沟通等关系治理，促进了双方合作互动，保证交易顺利进行，从而提高合约履行绩效。徐忠爱（2009）认为公司和农户间契约自我实施的关键是相互进行专用性投资，或类似于专用性投资的契约安排。有效的契约设计手段可以拓展契约自我实施的范围。在缔约实践中，公司与农户可以通过抵押（质押）条款、关系专用性投资等有效的契约设计安排，使得契约得到最大范围的自我实施、缔约效率得到提高和契约关系得到较为平稳的发展。徐忠爱（2011）通过对现实中公司和农户契约的内在特征及履约的基本要求进行具体分析，认为缔约主体的不平等性、契约客体的特殊性、契约内在的高风险性、契约的不完全性和强制实施的困难等决定了公司和农户履约的现实困境，使契约能否自我实施成为决定契约关系稳定与否的关键。自我履约机制主要是指契约当事人依靠日常习惯、合作诚意、私人履约成本和收益、信誉等来执行契约。必须在把握公司和农户契约关系内在的产权特征及缔约环境的基础上，研究和寻找特定的契约形式和履约机制来保障契约的自我实施。在契约治理方面，学者们见仁见智。有些学者认为温氏与农户之间是一种紧密型的准纵向一体化关系，强调关系治理对于履约的重要性（万俊毅，2008）；有些学者认为应该根据公司与农户之间关系契约的特点，针对不同的交易特点和商业环境因素，综合运用不同的正式治理和关系治理组合（陈灿、万俊毅、吕立才，2007）；有些学者则强调通过特定的契约形式和履约机制来保障契约的自我实施（徐忠爱，2009，2011）。

3.2.3 社会网络理论视角：嵌入性理论

根据经济社会学关于嵌入性理论的定义，任何经济行为都是嵌入在社会关系之中的（Granovetter，1985），契约型农产品交易关系中的社会文化、农户人际关系及社会资本等因素将会对交易过程、方式和整个渠道的绩效产生重大影响。

社会文化因素。陈灿等（2010）通过东进农牧公司，对中国社会文化因素对农业龙头企业与农户之间合作的影响进行了研究，发现这种影响通过乡土社会“差序格局”体现在企业与农户合作关系的各个方面：东进农牧公司与合作农户之间呈现出正式的合约治理和非正式的关系治理并存的局面，并且其关系治理呈现出一种以企业为中心的“新差序格局”，正式治理也体现“核心合约”和“边缘合约”并行的差序化特征；差序格局等社会文化因素在企业地域拓展过程中也产生了深刻的影响。研究还发现，管理实践与社会文化因素的巧妙结合有助于保障企业与农户合作的顺利进行。万俊毅、欧晓明（2011）同样对东进模式进行案例研究，结果显示东进公司与周边农户的合作采取了多种合约联结方式，且不同类型农户与公司的合作均相当稳定，这是因为公司利用了嵌入在联盟组织内的乡村社会权威，从而便利地与农户缔结合约，并有效地对合约进行差序治理，因此认为特定公司与不同农户可以签订差异化的合约。差异化合约的履约与持续，需要借助嵌入在差序格局中的关系治理机制保驾护航。同时指出经济主体的社会网络嵌入必须适度：公司与农户之间的社会网络关系过弱或者过强，都不利于联盟的稳定存续。如果关系过弱，联盟将难以生存；如果关系过强，联盟则具有封闭性和排他性，难以接收联盟外的资源，致使其适应力弱。

农户人际关系因素。费孝通（1985）关于农村人际关系的研究表明，农村社会中人际关系的类型与强度会极大地影响农户的社会与经济行为。我国农村社会相对封闭的“熟人社会”性质（费孝通，1985），使得处于弱势地位的农户，在寻求改善交易地位的过程中，会自然而然地运用人际关系网络这一重要工具来处理与企业的交易关系（徐健等，2010）。夏春玉、张闯和董春艳等（2009）通过案例研究，发现订单农业中企业与农户人际关系的发展具有稳定交易关系、促进交易关系升级的重要作用。徐健（2010）在其博士学位论文中，以社会网络理论、渠道行为理论为基础，研究了农户人际关系网络结构特征（网络密度和网络中心性）、农产品流通渠道的行为维度（农户渠道权力、企业权力应用方式、农户满意、渠道冲突），以及交易关系稳定性（农户违约倾向与续约意愿）之间的相互影响。研究表明，农户的人际关系网络结构对农户和农产品收购企业的渠道行为具有重要影响，并且会以农户渠道权力、企业的权力应用方式等渠道行为变量为中介，间接影响农户的违约倾向与续约意愿：随着农户的人际关系网络密度的增加，农户的违约倾向会降低，而农户的续约意愿会增强；农户人际关系网络中心性对农户违约倾向的间接影响比较大，但对续约意愿的间接影响比较小；且农户的人际关系网络密度对违约倾向和续约意愿的影响，比农户的网络中心性的影响更大；只有提高小农户的组织化程度，增强农户的行为一致性，才能对交易关系产生重要的影响。徐健、张闯、夏春玉（2010）运用结构方程模型检验了农户人际关系网络结构对农户交易成本及其违约倾向的影响，结果表明：农户人际关系网络密度对农户信息成本和监督成本具有显著的负面影响，而农户人际关系网络中心性对农户信息成本和监督成本具有显著的正面影响；农户信息成本和监督成本的增加会显著增强农户的违约倾向。因此认为，降低农户在与企业交易过程中的交易成本，是降低农户在契约交易关系中违约倾向的一个重要的措施。张闯等（2011）运用实证研究方法，研究了农户人际关系的网络密度和农户的网络中心性对渠道冲突与满意的影响，以及冲突和满意对交易关系的稳定性（农户续约意愿）的影响。研究发现：订单农业中，农户的人际关系网络结构对渠道冲突与满意行为有显著影响；农户与农产品收购企业之间的冲突与满意对交易关系稳定性具有显著影响。徐健等（2012）以社会网络理论和渠道行为理论为基础，运用实证研究方法，研究了农户人际关系网络结构对企业权力应用方式的影响，以及企业权力应用方式对农户违约倾向的影响，构建了农户人际关系网络结构（网络密度和网络中心性）、企业权力应用方式和农户违约倾向之间的影响机理，并进行了实证检验。结果表明，契约型农产品交易关系中农户的人际关系网络结构、企业权力应用方式与农户违约倾向之间存在显著的影响关系。

社会资本因素。徐忠爱（2008）认为公司和农户契约关系不稳定的关键是基于契约不完全性条件下契约自我实施的范围太狭窄，包括社会资本嵌入机制在内的契约设计可以拓展契约自我实施的范围。在缔约实践中，公司与农户可以通过社会资本嵌入，使得契约得到最大范围的自我实施、缔约效率得到提高和契约关系得到较为平稳的发展。徐忠爱（2008b）引入新经济社会学的嵌入理论，分析公司和农户契约关系中社会资本的重要性及其相对应的关系互动和相互依赖模型（嵌入模型），认为公司和农户契约关系中需求的不确定性与供给的相对稳定，人力资本高度专用性下的定制交易，时间专用性下的复杂任务，以及网络成员中频繁的交易关系，使得社会资本嵌入机制不仅可以加强双方的信任关系，也是弥补公司和农户契约机制不足的重要制度保障。

社会因素对于“公司＋农户”模式稳定性的影响已经得到了学者们的关注，并加以研究。这表明学者们研究的视野越来越广，研究的视角越来越多元化。从以往专注于“公司＋农户”模式中契约的类型、针对契约不完备产生的违约与机会主义行为的治理机制、交易成本等方面，开始关注公司与农户之间交易关系的建立、发展、维护与终止过程，以及在此过程中双方的互动行为，这是研究视野的拓展。

一些探索性研究表明，农产品渠道关系中的社会行为维度会对渠道绩效具有重要的影响（张闯、夏春玉，2005；夏春玉、徐健、薛建强，2009；张闯、夏春玉、梁守砚，2009）。学者们打破了以往主要以契约经济学、交易成本经济学等理论来解释“公司 + 农户”模式中存在的诸多现象与问题的约束，开始从社会网络理论和渠道行为理论的角度研究农产品交易关系，关注农产品渠道中的社会文化和互动行为问题，试图从社会文化和互动行为上的差异去解释，看似没有什么差异化的农业化项目，为何最终实施效果却千差万别。这进一步拓展了研究视角。

3.3 基于文献研究的结论

综上所述，学者们从交易成本理论、契约理论和社会网络理论等不同视角对“公司 + 农户”渠道关系的稳定性进行了诸多有价值的研究，尽管在一些观点上存在分歧，但在很多方面都存在共识。

3.3.1 契约型农产品交易关系不稳定的原因

市场不确定性是导致公司与农户之间违约率居高不下的一个重要原因。农产品市场存在诸多的不确定性，市场的不确定性加剧了农户的违约行为，而且市场价格波动性越大，农户违约的概率越大，契约的履约率就越低。另外，契约的不完备、履约机制的不完善以及利益驱动与利益分配也是导致公司与农户之间违约率高的很重要的原因。

3.3.2 契约型农产品交易关系稳定性的影响因素

影响公司与农户之间渠道关系稳定性的因素归纳起来主要有：产品和资产的专用性、农户的生产经营规模、合同条款的设计、“公司＋农户”的运作模式和社会因素等。

产品和资产的专用性。学者们一致认可产品和资产的专用性对于契约的履行有重大影响，而且绝大多数学者认为增加专用性投资，会提高履约率，增强渠道关系稳定性。赵西亮等（2005）则认为，增加专用性投资，不但不能提高农户的履约率，由于利他性专用投资的存在，反而会加剧农户事后的机会主义行为，降低履约率。

农户的生产经营规模。很多学者的研究表明，农户的生产经营规模会影响契约的履行，农户的生产经营规模与履约率呈正相关关系，即生产经营规模越大的农户履约率越高，生产经营规模越小的农户履约率越低。在产品专用性中等或强的情况下，签约农户规模的大小会影响商品契约的稳定性，与大规模农户签订订单的稳定性要高于与小规模农户签订的订单（尹云松等，2003）。侯守礼等（2004）的研究也表明，农户生产经营规模对契约有影响，数量众多且分散的小奶农履约情况与大型的养牛场相比较差。

合同条款的设计。齐备、准确的合同条款是提高履约率的基础，合同条款的设计有利于保障契约农业的稳定性、提高农户的履约率。农产品交易过程风险重重，为降低农产品交易过程中的风险，学者们围绕风险分摊机制进行研究，结果表明，利用风险基金和价格条款的合理设计可以在一定程度上分摊风险，提高履约率。

“公司＋农户”的运作模式。合同的组织形式对农户的履约行为有影响，龙头企业与农户间接签订的合同履约率高于龙头企业与农户直接签订的合同（郭红东，2006）。也就是说，在龙头企业与农户之间引入中介可以提高履约率，即“公司＋中介＋农户”模式的稳定性要好于“公司＋农户”模式，中介可以是专业协会、合作社、各种农民合作组织等。

社会因素。社会因素对公司与农户之间渠道关系稳定性的影响得到越来越多的学者的关注。社会文化因素、农户的人际关系因素以及社会资本等都会对公司与农户之间的合作关系产生影响。中国社会文化因素通过乡土社会“差序格局”影响企业与农户之间的合作关系，公司可以利用嵌入在联盟组织内的乡村社会权威，便利地与农户缔结合约，并有效地对合约进行差序治理。公司与农户人际关系的发展具有稳定交易关系、促进交易关系升级的重要作用。社会资本嵌入机制是加强双方的信任关系、弥补公司和农户契约机制不足的重要制度保障，包括社会资本嵌入机制在内的契约设计可以拓展契约自我实施的范围。

3.3.3 契约型农产品交易关系治理策略

学者们提出了很多关于公司与农户之间关系治理的策略：规范完善的合约、专用性投资、组织形式创新以及关系治理等。

规范完善的合约，被认为是一种有利于合约稳定性的行之有效的方法，合约双方要遵循基本交易规范，合同要尽量订得齐备、准确。风险分担机制的设计是保障农业契约稳定的关键，要利用合同条款分摊和化解风险，并设计合理的保障条款。

专用性投资是信誉的物质支撑，也是长久合作关系的依托，通过专用性投资可以对双方形成约束，促进长期合作。很多学者建议通过增加专用性投资，来增强渠道关系的稳定性，但赵西亮等则认为，由于利他性的专用资产的存在，增加专用性投资会加剧农户事后的机会主义行为，从而降低履约率，而不是提高履约率（赵西亮等，2005）。

组织形式创新是增强公司与农户之间关系稳定性的一个重要举

措。在公司和农户之间有必要引入中介，形成新的组织形式。合作社或大户的加入，可以有效地节约交易成本和抑制机会主义行为，而且能够对分散的机会主义行为进行监督和约束，弥补了“公司＋农户”的组织缺陷。同时，通过各种农民合作组织，可以增强农户在合同关系中的地位和承担法律责任、旅行合同义务的能力，并降低契约的执行成本。

公司与农户之间的关系治理，不能仅仅依靠正式措施如法规、制度、合约等，还需要加入信任、互惠与合作等关系治理，促进双方合作互动，保证交易顺利进行，从而提高契约的履行绩效。

另外，注重信誉和合作机制的建设，政府的适当干预、引导与协调，提高农民的素质，通过法律途径制裁违约行为等措施也被提及。

4 渠道权力理论：相互依赖与渠道权力结构

对渠道权力和渠道冲突等渠道行为的研究是渠道行为理论研究的核心内容，其重点关注渠道系统中的渠道成员如何感知并建立和处理相互之间的关系等问题。同一渠道系统中，不同渠道成员之间的渠道权力分布情况往往存在差异，这种渠道权力分布的差异使得渠道关系中呈现出不同的权力结构，渠道权力结构进而对渠道关系的状态以及渠道系统的运行绩效产生影响（Gaski & John F.，1984）。相应地，渠道系统也会因为渠道关系中的渠道权力结构差异而呈现出在某个渠道成员主导下运行的状态（张闯，2006）；同时，由于作为相互独立企业的渠道成员在渠道分配中获得的份额与其在系统中的权力地位直接相关，因此渠道系统中往往充满了对渠道主导权的争夺（Stern，Louis W. & Torger Reve，1980）。

4.1 渠道权力及其来源

在渠道行为研究领域，渠道研究学者主要从“控制力说”和“依赖说”来定义渠道权力。El-Ansary 和 Stern（1972）将渠道权力定义为“某个渠道成员所具有的让其他渠道成员必须进行某种行为的能力”。后来斯特恩等学者（Stern，El-Ansery & Coughlan，1996；Coughlan, Anderson, Stern & El-Ansery, 2001）进一步将渠道权力定义为“一个渠道成员A使另一个渠道成员B去做他原本不会去做的事情的一种能力”。Rosenbloom（1999）将渠道权力定义为“特定渠道成员控制或影响另一成员行为的能力”。Bowersox和Cooper（1992）则认为“渠道权力是一个渠道成员影响或改变另一个渠道成员决策的能力”。虽然各学者关于渠道权力的表述有所差异，但表达的意思基本一致，即渠道权力是一个渠道成对员另一个渠道成员行为的控制力和影响力。斯特恩等学者（1996，2001）还认为“还可以把权力理解为一个渠道成员对另一个渠道成员的依赖程度”，“如果对A有所依赖，B就会改变他通常的行为以适应A的需求。B对A的依赖赋予A潜在的影响力”，影响力的大小取决于B对A的依赖程度。Browersox和Cooper（1992）认为渠道权力有赖于渠道成员所感知到的相互之间的依赖程度，渠道权力是依赖关系的结果。

关于权力的来源有两种不同的观点：“依赖—权力说”和“权力基础说”。“依赖—权力说”认为权力来源于依赖（El – Ansary & Stern，1972；Gaski，1984），当A依赖于B，在一定程度上，B就对于A拥有权力。相反，当B依赖于A，A就或多或少对于B拥有权力。相互依赖是渠道成员功能专业化的结果（Stern & El – Ansary，1992）。“权力基础说”认为权力来源于6种权力基础（Gassenheimer et al.，1996；Rawwas et al.，1997），即奖赏权、强制权、合法权、感召权、专长权和信息权。

两种观点都派生于有价值的资源，其实质是一样的（庄贵军，2000）。从企业禀赋理论角度看，一个渠道成员不过是“一个监管系统中资源的集合体”（Penrose，1959），渠道成员之间相互依赖是彼此对于对方资源禀赋的需求（依赖—权力说）；而一个渠道成员所拥有的资源可被组合成不同的权力基础（权力基础说），越是渠道成员急需而又难以替代的资源，越是能够形成对其较大的权力。

4.2 相互依赖与依赖不对称

心理学家和社会心理学家将依赖定义为“一个人希望或主动寻求得到其他人在经济、情感、安全等方面的帮助”的一种状态（Glanze & Goldenson，1984；Sutherland，1989）。在渠道权力理论里，依赖是指一个渠道成员为实现期望的目标而需要保持与特定渠道成员关系的程度（Kim & Hseieh，2003），是渠道成员为实现目标而与另一个渠道成员维持交换关系的心理和行为状态（Kale，1986）。依赖的本质是专业化的渠道成员需要其他成员所拥有的资源。渠道成员专业化于具有相对优势的功能上，以获得规模效益，同时在功能上相互依赖，这就使渠道成员为了实现自身的目标必须先实现渠道成员共同的目标，因此渠道成员功能的专业化必然导致渠道成员之间的相互依赖（Stern，1992）。

一个渠道成员对另一个渠道成员的依赖程度受很多因素的影响，Emerson（1962）认为，B 对 A 的依赖与 B 对 A 所介入和控制的目标的激发性投入成正比，而与 B 由 A－B 关系以外的途径达到其目标的容易程度成反比。Coughlan 等（2001）则将这个目标的内容称为“效用（价值、利益和满足感）”。Heide 和 John（1988）将影响因素归为三类：①交换关系产出的大小，意味着 B 从与 A 的交换关系中获得的效用越大，A 对 B 的目标实现的影响力越大，则 B 对 A 的依赖越大，A 的权力就越大；②替代关系的多少与替代的难易程度，意味着 B 能否从 A 以外的来源获得对其实现目标有价值的资源，决定了 B 对 A 的依赖程度，可替代的来源越少，B 对 A 的依赖就越大，A 对 B 的权力也越大；③ 替代成本的高低，意味着 B 用其他成员替代 A 的成本越高，或与 A 结束关系的损失越大，B 越是依赖于 A（庄贵军、周筱莲、周南，2006）。其中，较高的效用和替代的稀缺性是构成渠道依赖关系，进而构成渠道权力关系的两个不可缺少的要素。因此，一个渠道成员对另一个成员的依赖程度可以用效用和替代的稀缺性来评估，两者缺一不可（Coughlan et al.，2003）。

渠道成员彼此相互依赖，意味着渠道成员必须相互考虑，以实现自己的目标（Cadotte & Stern，1979）。渠道成员之间的相互依赖，根据依赖程度的差异可以分为对称性依赖和不对称性依赖（Buchanan，1992）。如果渠道成员彼此依赖程度一致，视为对称相互依赖关系；如果一方更依赖于对方，则视为不对称相互依赖关系。在相互依赖不对称关系中，弱势方（依赖性较高的一方）经常担心自己会受伤害，而且很容易怀疑强势方（依赖性较低的一方）是否有不良的意图。相对于对称的相互依赖关系而言，不对称关系更容易产生冲突，相互信任更少，并且承诺也少（Kumar，Scheer & Steenkamp，1995）。因此，很多学者都认为相互依赖不对称对渠道关系的影响是负面的。Anderson 和 Weitz（1989）认为对称相互依赖关系远比不对称性相互依赖关系更具稳定性。因为不对称相互依赖会导致渠道成员之间利益不一致、关系的低稳定性和低信任性（Heide，1994）。在关系长期导向中，不对称相互依赖关系可能会导致渠道成员之间利益的不匹配，这种不匹配会造成渠道成员之间较高水平的渠道冲突、不满，甚至导致关系终止。这一论点在 Gundlach 和 Cadotte（1994）的研究中得到支持，他们通过实证研究发现，渠道成员之间的冲突水平，会随着渠道成员之间相互依赖性不对称性程度的增加而提升。Kumar、Scheer 和 Steenkamp（1995）利用收集到的汽车经销商数据，也证明了相互依赖不对称会降低经销商对供应商的信任和关系承诺水平，提升双边关系中的冲突水平。

4.3　渠道权力结构与渠道关系

在一个二元渠道关系（A－B）中，渠道成员之间的相互依赖，意味着相互的渠道权力。渠道成员A的渠道权力，是渠道成员B对A的相对依赖赋予的；渠道成员B的权力，是渠道成员A对B的相对依赖赋予的。当A认为B能够为其提供更大的效用，且B不可替代时，则A对B具有较高的相对依赖，意味着B对A拥有较大的权力；同样，当B认为A能够为其提供更大的效用，且A不可替代时，则B对A具有较高的相对依赖，意味着A对B拥有较大的权力；当A和B都认为从对方得到的效用会更多，且都认为对方不可替代时，A和B形成对等的依赖关系，意味着对等的权力。以渠道成员（A和B）间的依赖关系为二维坐标，就可以得到一个如图4－1所示的渠道权力结构图（张闯、夏春玉，2005；张闯，2006），将渠道权力结构划分为高度权力均衡、低度权力均衡、权力倾斜（A）和权力倾斜（B）四种形态。

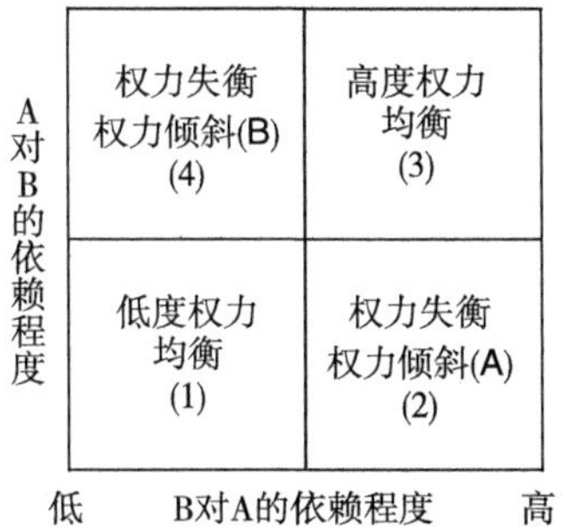

图4－1　渠道权力结构图

资料来源：张闯（2006），略有改编

（1）低度权力均衡

A与B彼此相互低度依赖，都缺乏对对方的权力。这种状态的形成原因主要有：A与B处于一个竞争比较充分的市场环境中，关系中任何一方所占有的资源，对于另一方而言没有吸引力（效用低）；或是双方能够轻易地从替代来源处获得（替代稀缺性低）。低度的相互依赖等同于双方彼此都不拥有相互的权力，这种关系的解散与重建的成本均很低。在高度不确定的市场里，低度的相互依赖是可取的，因为双方彼此都很容易转换合作伙伴（科兰、安德森、斯特恩等，2008）。在完全竞争的市场上，处于这种低度均衡渠道权力结构中的交易双方，可以选择市场交易关系，即需要交易时通过市场进行交易，交易结束，关系结束，彼此之间通过价格机制来保证效率。

（2）权力倾斜（A）

B对A的依赖程度高于A对B的依赖，渠道权力向A倾斜，A对B的影响力较大。产生这种权力结构的原因在于，A掌握了更多在B看来"有价值的资源"，而B则从A那里获得这些资源产生的效用，并且这些资源的可替代性来源较少，或是不存在替代来源。B高度依赖于A，被"单边锁定"在与A的关系中，转换成本较高。在这种渠道权力结构中，A相对于B拥有更多的渠道权力，处于权力优势方，是权力的主体；B相对于A拥有较少的渠道权力，处于权力劣势方，是权力的客体。

（3）高度权力均衡

A与B彼此相互高度依赖，都拥有高修度的权力。这种状态的形成主要是因为：双方都在占有对方认为"有价值的资源"的基础上为对方提供高效用；双方各自"有价值的资源"的替代来源具有很高的稀缺性，或是即使存在替代来源，但由双方之间的“双边锁定”导致了共同的高转换成本。高度的相互依赖等同于双方彼此拥有高度的相互权力，在一个多变的、不可预测的市场中，高度平衡的相互依赖也是可取的（科兰、安德森、斯特恩等，2008）。

（4）权力倾斜（B）

A 对 B 的依赖程度高于 B 对 A 的依赖，权力关系向 B 倾斜，B 对 A 的影响力较大。产生这种权力结构是由于 B 占有了更多 A 所认为的“有价值的资源”，并且依靠这些资源向 A 提供较高的效用；而 A 或是难以寻找替代者，或是被“单边锁定”在与 B 的关系中，转换成本较高。在这种渠道权力结构中，B 相对于 A 拥有更多的渠道权力，处于权力优势方，是权力的主体；A 相对于 B 拥有较少的渠道权力，处于权力劣势方，是权力的客体。

5　契约型农产品交易关系模式中的渠道权力结构

渠道权力—依赖理论认为，一个渠道成员（A）对另一个渠道成员（B）的依赖程度可以用较高的效用和替代稀缺性来评估，两者缺一不可（Coughlan，Anne T.，Erin Anderson，Louis W. Stern & Adel I. El－Ansary，2001）。已有的关于渠道权力—依赖理论的文献，主要运用于工业品的流通领域的分析。相对于工业品而言，农产品虽然具有一定的特殊性，但农产品流通渠道作为商品流通渠道的一个特定形态，流通渠道理论的分析框架对农产品流通渠道而言也是适用的（张闯、夏春玉，2005）。只是由于农产品在产品特质和生产组织方式上与工业品差异巨大，现有的偏重于工业品营销渠道的研究结论恐难以解释发生在农产品营销渠道中的一些渠道行为，因而对农产品营销渠道行为问题进行的专门研究具有非常重要的理论和现实意义（张闯，2006）。张闯、夏春玉（2005）和张闯（2006）运用渠道权力—依赖理论，从农产品的交易额和交易对象的稀缺性两个角度，对“农户—龙头企业”渠道中的权力结构进行分析，认为在该渠道关系中，农户对龙头企业的强烈依赖，使得龙头企业在该渠道关系中处于绝对主导地位，但在现实运作中，该渠道关系并没有完全呈现出龙头企业绝对主导这一特征。

依赖是“一个人希望或主动寻求得到其他人在经济、情感、安全等方面的帮助”的一种状态（Glanze W. D. & Goldenson R. M.，1984；Sutherland S.，1989）。B 对 A 的依赖与 B 对 A 所介入和控制的目标的激发性投入成正比，而与 B 由 A－B 关系以外的途径达到其目标的容易程度成反比（Emerson & Richard M.，1962）。在渠道权力理论里，依赖是指一个渠道成员为实现期望的目标而需要保持与特定渠道成员关系的程度（Kim，Stephen Keysuk & Ping－Hung Hsieh，2003），是渠道成员为实现目标而与另一个渠道成员维持交换关系的心理和行为状态（Kale S. H.，1986）。这个目标的内容可以视为“效用（价值、利益和满足感等）”（Coughlan，Anne T.，Erin Anderson，Louis W. Stern & Adel I. El－Ansary，2001）。B 对 A 的依赖受三大因素的影响：①交换关系产出的大小，即 B 从与 A 的交换关系中获得的效用越大，A 对 B 的目标实现的影响力越大，则 B 对 A 的依赖越大，A 的权力就越大；②替代关系的多少与替代的难易程度，即 B 能否从 A 以外的来源获得对其实现目标有价值的资源，决定了 B 对 A 的依赖程度，可替代的来源越少，B 对 A 的依赖就越大，A 对 B 的权力也越大；③替代成本的高低，即 B 用其他成员替代 A 的成本越高，或与 A 结束关系的损失越大，B 越依赖 A（Heide J. B. & G. John，1988；庄贵军、周筱莲、周南，2006）。其中，较高的效用和替代的稀缺性是构成渠道依赖关系，进而构成渠道权力关系的两个不可缺少的要素，因此，一个渠道成员对另一个成员的依赖程度可以用效用的大小和替代的稀缺性来评估（安妮·T. 科兰等，2008）。

渠道成员为实现自己的目标，彼此相互依赖（Cadotte E. R. & L. W. Stern，1979），根据依赖程度的差异可以分为对称性依赖和不对称依赖（Buchanan L.，1992）。在一个二元渠道关系（A－B）中，根据渠道成员（A和B）间的依赖关系的相对大小可以划分为高度权力均衡、低度权力均衡、权力倾斜（A）和权力倾斜（B）四种形态（张闯、夏春玉，2005；张闯，2006）。高度权力均衡意味着高度相互依赖，渠道成员彼此拥有高度的相互权力，并有创造高附加值的能力（Lusch R. F. & Brown J. R. , 1996），彼此都可以利用对方，因而可以增进协调，促进合作（Hailén L. , Johanson J. & Seyed - Mohamed N. , 1991），有利于创建并保持渠道战略联盟（安妮·T. 科兰，2008），但这种高度权力均衡关系在实际运作中很少见；低度权力均衡比较常见，但在这种低—低依赖关系的渠道中，渠道成员倾向于按照古典经济关系的路径运行（Dwyer F. R. , Schurr P. H. & Oh S. , 1987）；渠道权力的不均衡是渠道成员关系的常态，因此，对相互依赖不对称关系中渠道成员行为的研究将更具有普遍的现实意义（张闯、夏春玉，2005）。

在契约型农产品交易关系中，公司与农户之间依赖关系一定就是农户对公司的强烈依赖吗？还有没有其他的渠道权力结构状态存在？农户对公司的这种依赖性，未来的发展趋势如何？这种发展趋势将对“公司+农户”模式的发展带来什么样的挑战？笔者将运用渠道“权力—依赖”理论对这些问题做一些尝试性的探讨。

5.1 契约型农产品交易关系中的相对效用

契约型农产品交易关系中，公司与农户彼此互相得到满足、互相依赖，都能从交易中获得效用。公司通过签约，对农户的生产进行计划、指导和管理，不但可以改善农产品质量、增加产量，获得稳定的原材料来源，还可以节约与农户的交易成本。农户通过契约，不但可以解决种植品种、生产数量、产品销售等问题，还可以节约单个农户单独面对市场发生的高昂的交易成本。

在契约型农产品交易关系中充当农业龙头企业的公司，往往规模巨大，以家庭经营为主的农户规模很小。由于公司与农户规模相差悬殊，公司与农户从彼此的交易中获得的效用大小存在巨大的差异。

依据我国现有相关政策，农业龙头企业有国家级、省级和地市级等之分，任何一级的农业龙头企业，其申报及认定都有一定的程序和标准。根据《农业产业化国家重点龙头企业认定和运行监测管理办法（农经发〔2010〕11 号）》，申报国家重点龙头企业要求：企业中农产品生产、加工、流通的销售收入（交易额）占总销售收入（总交易额）70%以上；总资产规模：东部地区 1.5 亿元以上，中部地区 1 亿元以上，西部地区 5000 万元以上；固定资产规模：东部地区 5000 万元以上，中部地区 3000 万元以上，西部地区 2000 万元以上；年销售收入：东部地区 2 亿元以上，中部地区 1.3 亿元以上，西部地区 6000 万元以上①。据大智慧阿思达克通讯社不完全统计，在农业部官网公布的 1191 家第六次监测合格农业产业化国家重点龙头企业名单中，直接或间接关联的上市公司共有 74 家；以 2013 年披露业绩为基准，主营收入过百亿元的共有 12 家，74 家上市公司中，2013 年平均固定资产规模为 15.66 亿元，平均主营业务收入为 61.52 亿元，平均净利润为 2.67 亿元②。由此可见农业龙头企业的规模巨大。

我国农户家庭经营规模受制于经营土地面积，经营规模很小。我国的家庭联产承包责任制，使得农村土地经营细碎化严重，农村居民家庭

---

① 农业部．农业产业化国家重点龙头企业认定和运行监测管理办法（农经发〔2010〕11 号）[EB/OL]. 2010－10－28，http://www.foodmate.net/law/qita/164952.html.

② 大智慧财经（上海）. A 股农业产业化国家重点龙头企业上市公司平均净利逾 2.6 亿[EB/OL]. 2014－10－21，http://www.gw.com.cn/news/news/2014/1021/200000383532.shtml.

经营土地面积小。根据国家统计局编撰的《中国统计年鉴》（2013）的数据，农户居民家庭人均经营的耕地面积为 2.34 亩；其中最多的为黑龙江，人均 13.56 亩；最少的为上海，人均才 0.26 亩。我国农村平均每户常住人口从 1990 年到 2013 年，一直呈下降趋势，由 1990 年的每户 4.80 人，下降为 2012 年的每户 3.88 人。如果取 2012 年的农村居民平均每户常住人口 3.88 人，则平均每户经营的耕地面积为 9.08 亩。

另外，农户家庭户均农业生产性固定资产原值低①。我国农村居民家庭户均生产性固定资产原值尽管一直呈增长趋势，但依旧比较低。1990 年户均生产性固定资产原值为 1258.06 元，到 2012 年增长为 16974.09 元，总增长率为 1249.23%，年均增长率为 12.56%。其中出现三次快速增长期：1990—1995 年，年均增长速度达 17.14%；2004—2005 年，年均增长速度为 20.14%；2010—2012 年，年均增长速度达 50.26%，呈现跳跃性增长。农业生产性固定资产原值在生产性固定资产原值中一直占据较大的比重，基本在 67.20% ~ 75.27% 徘徊，但在 2008—2012 年，占比呈下降趋势。农业生产性固定资产原值年均增长率为 12.24%，几乎保持与生产性固定资产原值同步的增幅。由此可见，我国农村住户的家庭经营活动仍是以农业生产活动为主，且规模很小。

公司与农户在经营规模上存在巨大差距，导致彼此在从与对方的交易中获得的效用大小也相差悬殊。

公司从单个农户那里获得的效用相对很低。由于单个农户经营规模通常很小，而公司的经营规模往往很大，单个农户提供的农产品的交易额在公司总的交易额中只占很小的比重，公司从单个农户处获得

① 中华人民共和国国家统计局编．中国统计年鉴（2013）[EB/OL]．http://www.stats.gov.cn/tjsj/ndsj/2013/indexch.htm.

的效用很低。但如果将与公司签约的所有农户看成一个整体，整体签约农户的交易额构成了公司总的交易额，公司从与整体签约农户的交易中获得较高的效用。

农户能从与公司的交易中获得相对较高的效用。农户家庭经营活动主要是从事农业活动，从事农业活动的收入依然是家庭经营收入的主要来源，因此农户与公司之间的交易依然是农户家庭经营收入的主要来源，因此，农户能从与公司的交易中获得很高的效用。

5.2 契约型农产品交易关系中的替代稀缺性

依赖性就是由备选项的稀缺性造成并放大的效用，效用和替代稀缺性对于依赖性缺一不可（安妮·T. 科兰等，2008）。当一个渠道成员 B 从另一个渠道成员 A 处得到的效用（价值、利益和满足感）更多，且 B 所能获得的这些效用的替代来源更少，则 B 会更大程度上依赖于 A（安妮·T. 科兰等，2008）。也就是说，只有较高的效用和较高的替代稀缺性同时具备，才会构成依赖；较低的效用和较低的替代稀缺性都被认为是无效的，依赖度为零。

单个农户通过交易提供给公司的效用很低，因此其在市场上是否具有替代者就变得无关紧要了，公司对其的依赖度都是零。公司通过交易提供给农户的效用很高，因此农户对公司的依赖性还取决于公司在市场上的替代稀缺性。

公司与农户的替代稀缺性程度受买（公司）卖（农户）双方市场结构的影响。买（公司）卖（农户）双方的市场结构，可以分为完全竞争、垄断竞争、寡头垄断和完全垄断四种形态，两两组合，构成 4×4矩阵（见表5－1）。

表5－1 农产品买卖双方市场结构矩阵

	买方公司市场结构				
卖方农户市场结构	市场结构状态	完全竞争（C1）	垄断竞争（C2）	寡头垄断（C3）	完全垄断（C4）
	完全竞争（F1）	F1，C1	F1，C2	F1，C3	F1，C4
	垄断竞争（F2）	F2，C1	F2，C2	F2，C3	F2，C4
	寡头垄断（F3）	F3，C1	F3，C2	F3，C3	F3，C4
	完全垄断（F4）	F4，C1	F4，C2	F4，C3	F4，C4

由“公司＋农户”模式中签约农产品买卖双方市场结构矩阵图可知，对角线上的四种组合状态（F1，C1），（F2，C2），（F3，C3），（F4，C4），表示签约农产品交易中的农户与公司，面对的是对称的市场结构；非对角线上的组合状态表明双方面对的是不对称的市场结构。

契约型农产品交易关系中，订单的签约过程是：T＝0期，公司向农户提供订单；T＝1期，农户选择是否接受订单；T＝2期，签约双方选择是否履约（见图5－1）。签约农产品的市场结构的差异，会影响双方的签约行为。

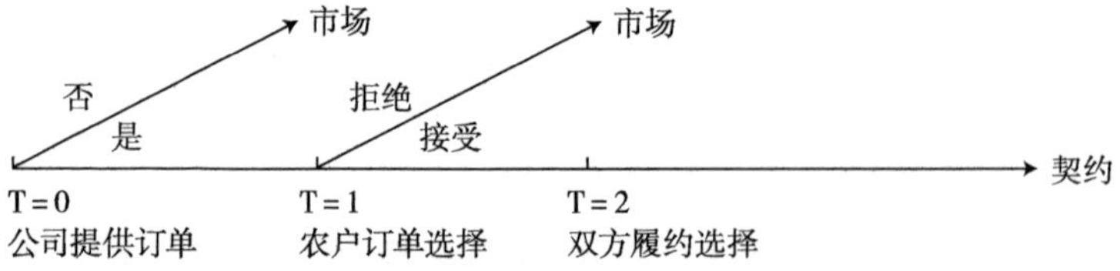

图5－1 公司与农户签约时间线

5.2.1 公司与农户的市场结构处于对称状态

（1）双方的市场结构均为完全竞争（F1，C1）。当签约农产品买卖双方的市场结构均处于完全竞争状态时，意味着市场信息充分且完全对称，农户提供的农产品具有同质性，公司有众多的卖家，农户有众多的买家。在这样一个充分竞争的市场中，公司可以轻易地从市场上获得想要的产品，农户也可以将产品便利地出售给任何公司，双方所占有的资源对另一方没有任何吸引力。公司作为博弈行为的先行者，在T=0期根本不会提供订单，就更谈不上后续的签约与履约行为了。因此，当交易对象的买卖双方市场结构均为完全竞争市场的时候，签约不太可能发生，交易双方更倾向于选择通过市场进行交易。

（2）双方的市场结构均为垄断竞争（F2，C2）、寡头垄断（F3，C3）或完全垄断（F4，C4）。如果农户提供的农产品市场结构处于垄断竞争，则意味着交易对象具有一定的差异性，市场上提供相同产品的竞争者较少，交易对象具有一定的稀缺性。随着农户提供的农产品差异性的增强，其市场结构会向寡头垄断，甚至向完全垄断状态演进，市场上提供相同产品的竞争者越来越少，交易对象就会变得越来越稀缺。公司在市场上寻求相同产品的交易成本高昂，甚至不可得，因此对交易对象的提供者（农户）具有一定的依赖性。农产品生产的季节性与需求的常年性，会进一步加深公司对农户的依赖。因此，企业必然会选择提供订单和履约。相应地，由于买方市场结构处于对称状态，意味着农户销售农产品的渠道具有稀缺性，农户将产品转售市场或其他企业将面临高昂的成本，甚者不可能进行转售，因此，农户对公司具有依赖性。此时，农户会选择接受订单和履约。当双方所占有的资源在市场上变得相对稀缺的时候，缔约双方都会因为对方占有了对己方“有价值的资源”而选择履约，彼此相互依赖。

5.2.2 公司与农户的市场结构处于不对称状态

在契约型农产品交易关系中，当买卖双方的市场结构处于非对称状态时，表5－1对角线左下方的组合状态（F2，C1），（F3，C1），（F4，C1），（F3，C2），（F4，C2）和（F4，C3）更有利于卖方（农户），而对角线右上方的组合状态（F1，C2），（F1，C3），（F1，C4），（F2，C3），（F2，C4）和（F3，C4）更有利于买方（公司）。

当买卖双方的市场结构处于对角线左下方的组合状态时，买方（公司）市场竞争比卖方（农户）市场更加充分，在交易中公司更容易被替代，作为卖方的农户占有的资源相对更加稀缺，因而拥有更大的选择权。此时，为稳定货源，公司倾向于提供订单。

当买卖双方的市场结构处于对角线右上方的组合状态时，卖方（农户）市场竞争比买方（公司）市场更加充分，在交易中农户更容易被替代，作为买方的公司占有更多资源，因而选择余地更大。此时，为稳定农产品销售，农户倾向于接受订单。

5.2.3 不同市场结构下公司与农户的相互依赖关系

通过对买卖双方的市场结构进行分析，可以发现：当双方的市场处于完全竞争状态时，彼此互不依赖，倾向于通过市场进行交易；当双方的市场均处于垄断竞争、寡头垄断或完全垄断时，彼此相互依赖，倾向于通过订单进行交易；当买方（公司）市场的竞争性比卖方（农户）市场更加充分时，买方（公司）倾向于通过订单稳定货源，买方（公司）表现得更加依赖于卖方（农户）；当卖方（农户）市场的竞争性比买方（公司）市场更加充分时，卖方（农户）倾向于通过订单稳定销售，卖方（农户）表现得更加依赖于买方（公司）。

5.3 契约型农产品交易关系中的渠道权力结构

由于公司从与单个农户的合作中获得的效用很小，不管单个农户的市场稀缺性如何，公司都不会依赖于单个农户，因此，表5－1对角线左下方的组合状态不用考虑。但由于单个农户从与公司的合作中获得较高的效用，公司在市场上的替代稀缺性，会直接影响农户对公司的依赖状态。当公司市场处于完全竞争状态时，公司有众多的替代者，农户可以从市场上轻易获得签约以外的交易对象，农户不会依赖于公司；当公司市场处于垄断竞争、寡头垄断或完全垄断状态时，公司的替代者较少，农户很难甚至不可以在市场上找到其他的交易对象，农户只能依赖于公司。按照前述分析，可以将“公司+农户”模式中渠道权力结构状态总结如表5-2所示。

表5-2 契约型农产品交易关系中渠道权力结构状态

	公司市场结构				
	市场结构状态	完全竞争（C1）	垄断竞争（C2）	寡头垄断（C3）	完全垄断（C4）
农户市场结构	完全竞争（F1）	相互不依赖	农户依赖公司	农户依赖公司	农户依赖公司
	垄断竞争（F2）		农户依赖公司	农户依赖公司	农户依赖公司
	寡头垄断（F3）			农户依赖公司	农户依赖公司
	完全垄断（F4）				农户依赖公司

由表5-2可见，当买方(公司)与卖方(农户)市场处于完全竞争时，农户提供的农产品具有同质性，农户和公司都掌握与自己的经济决策有关的农产品和市场的全部信息，市场上农产品的需求者和供给者为数众多，此时，公司不依赖于农户，农户也不依赖于公司，彼此处于低度依赖平衡状态。在这种状况下，双方倾向于选择市场交易，而不是签约，即便签约，由于农产品契约先天的不完备性，签约前双方难以预期到事后的市场价格，再加上农产品质量的难以标准化，甚至难以为第三方所证实或证实成本高昂，一旦市场价格低于契约价格，公司就有违约动机，在收购农产品时，就会出现公司故意压价、人为压低产品等级变相压价、减少收购数量甚至拒收等违约行为；而一旦市场价格高于契约价格，农户就会有违约动机，通过减少履约数

量或以次充好来规避初始契约，甚至将产品转售市场。这也支持了刘凤芹的观点“以龙头企业作为农村经济发展动力的政策主张并不具有普遍性，至少在粮食生产基地，这种模式是难以展开的，因为它不具备合作的基础”（刘凤芹，2009）。由此带给我们的启示是，在农业产业化过程中，“公司＋农户”模式的有效性是有条件的，不能迷信这种模式，更不能盲目推广（聂辉华，2012）。

5.4 契约型农产品交易关系中渠道权力结构未来发展趋势

值得注意的是，尽管农户与公司的交易额占据家庭经营收入的绝大部分，但由于农户家庭收入的多元化，以及随着家庭收入的增长（尤其是工资性收入的快速增长，降低了农户对家庭经营纯收入的依赖）和富裕程度的提高，农户对从与公司的交易中获得的收入的依赖性就会减弱，从而对公司的依赖性也会随之下降。

1990—2013 年，我国农村居民人均家庭纯收入快速增长，人均消费支出同步增长，收支相抵后有所节余，且节余呈增长趋势；工资性收入和家庭经营纯收入是我国农村居民家庭纯收入的主要来源。

5.4.1 农村居民人均纯收入与人均消费支出快速增长

1990—2013 年①，我国农村居民家庭人均纯收入快速增长，由 1990 年的 686 元，增长为 2013 年的 8896 元，总增长率为 1196.23%，

① 1990—2012 年数据来源于：中华人民共和国国家统计局．中国统计年鉴（2013）[EB/OL]．http://www.stats.gov.cn/tjsj/ndsj/2013/indexch.htm；2013 年数据来源于：中华人民共和国国家统计局．2013 年国民经济和社会发展统计公报[EB/OL]．2014－02－24，http://www.stats.gov.cn/tjsj/zxfb/201402/t20140224_514970.html.

年均增长率为 11.78%，其中 1990—2000 年的年均增长率高达 27%，随后增速放缓，2013 年比上年增长 12.4%，扣除价格因素，实际增长 9.3%；农村居民人均纯收入中位数[①]为 7907 元，增长 12.7%。农村居民家庭人均消费支出基本与人均纯收入保持较为一致的增长速度，1990 年人均消费支出为 585 元，到 2013 年增长为 6626 元，总增长率为 1033.37%，年均增长率为 11.13%，基本与纯收入增长同步；人均纯收入和人均消费支出相抵后，都有节余，且呈不断上升趋势。由 1990 年的人均节余 102 元，增长为 2013 年的 2270 元，总增长率为 2132.71%，年均增长率为 14.46%，超过人均纯收入的年均增长速度。伴随人均收入的增长，农村居民的生活水平不断改善和提高。1990—2013 年，我国农村居民家庭恩格尔系数[②]一直呈下降趋势，由 1990 年的 58.8%，下降为 2013 年的 37.7%，表明我国农村居民的生活水平不断改善。根据联合国粮农组织提出的标准，我国农村居民在 1990—2013 年，由温饱阶段，历经小康阶段，开始迈进富裕阶段。

5.4.2 农户家庭人均纯收入来源多元化

我国农户家庭纯收入包括工资性收入、家庭经营纯收入、财产性

---

① 人均收入中位数是指将所有调查户按人均收入水平从低到高(或从高到低)顺序排列，处于最中间位置的调查户的人均收入。

② 恩格尔系数(Engel's Coefficient)是食品支出总额占个人消费支出总额的比重。19 世纪德国统计学家恩格尔根据统计资料，对消费结构的变化得出一个规律：一个家庭收入越少，家庭收入中(或总支出中)用来购买食物的支出所占的比例就越大，随着家庭收入的增加，家庭收入中(或总支出中)用来购买食物的支出比例则会下降。恩格尔定律的公式：食物支出变动百分比 ÷ 总支出变动百分比 × 100% = 食物支出对总支出的比率(R1)；或食物支出变动百分比 ÷ 收入变动百分比 × 100% = 食物支出对收入的比率(R2)。国际上常常用恩格尔系数来衡量一个国家和地区人民生活水平的状况。根据联合国粮农组织提出的标准，恩格尔系数在 59% 以上为贫困，50% ~59% 为温饱，40% ~50% 为小康，30% ~40% 为富裕，低于 30% 为最富裕。

收入和转移性收入。1990—2013 年[①]，工资性收入和家庭经营纯收入是家庭纯收入的主要来源，并始终占据绝对主导地位；财产性收入和转移性收入始终是次要的。但在这 23 年中，农户家庭人均纯收入内部构成部分仍然具有较大的变化。

首先是工资性收入，在 1990—2013 年，工资性收入一直呈快速增长态势，其增速超过家庭经营纯收入的增长速度，因此其在家庭纯收入中的占比也就一直呈上升趋势，由 1990 年的 20. 22% 上升为 2013 年的 45. 25% 。2013 年，工资性收入首次超过家庭经营收入在家庭纯收入中 42. 64% 的占比，成为家庭纯收入的第一大来源。

其次是家庭经营纯收入，在 1990—2013 年，家庭经营纯收入一直是我国农户家庭纯收入的主要来源，并呈增长态势，但其在家庭纯收入中的占比一直处于下降的趋势，由 1990 年的 75. 56% 下降至 2013 年的 42. 64% ，首次低于工资性收入在家庭纯收入中的占比，降格为家庭纯收入的第二大来源。

转移性收入在农户家庭人均纯收入中的占比一直较低，但在 1995—2013 年，一直呈上升趋势，其中 2005—2010 年出现一个小的跳跃，由 2005 年的 4. 53% 上升为 2010 年的 7. 65% 。财产性收入占比始终在较低的水平徘徊，上升缓慢，上升与回落交替。

总之，我国农村居民人均家庭纯收入呈快速增长趋势，且人均消费支出同步增长，收支相抵后有所节余，且节余呈增长趋势；工资性收入和家庭经营纯收入是我国农村居民家庭纯收入的主要来源，其中

① 1990—2012 年度数据来源于中华人民共和国国家统计局所编的《中国统计年鉴》(2013)，具体参见：http://www. stats. gov. cn/tjsj/ndsj/2013/indexch. htm。2013 年数据来源于中华人民共和国统计局国家数据，具体参见：http://data. stats. gov. cn/workspace/index; jsessionid = E-095BC2159AF7059ADFC1CE12543A031? m = hgnd。

工资性收入快速增长，到 2013 年，工资性收入首次超过家庭经营收入，成为农村居民家庭收入的第一大来源。

通过以上分析，可以发现，随着经济的发展，农户收入呈现出几个特点：农户家庭收入不断增加，已经步入富裕阶段；农户家庭收入多元化；农户家庭收入中，工资性收入快速增长，已经超越家庭经营纯收入，成为农户家庭收入的第一大来源。因此，可以推测，随着家庭经营纯收入在家庭纯收入中占比的下降，农户对家庭经营收入的依赖必然会降低，这也就意味着农户对公司的依赖也会随之降低。这是个值得关注的发展趋势。

温氏集团“公司 + 农户”模式遭遇农户弃养困境①，就是一个例证。创建于 20 世纪 80 年代的温氏“公司 + 农户”生产经营模式，取得巨大的成功。但随着我国经济的迅速发展，该模式遭遇发展困境：农户与公司间的合同、利益纠纷逐渐增多，并持续不断；老一代合作农户逐渐退出养殖，新增合作农户逐渐减少；部分合作农户因各种原因选择弃养，并呈上升趋势等。农户弃养，原因多样，但其中一个最主要的原因就在于农户的收入持续增长并更加多元化，尤其是国家连续多年的惠农政策，大大增加了农村就业和农户增收渠道（胡浩民、黄泽文、向安强，2012），农户有了更多更好的选择，只有提供更高的收益才能吸引农户参与。这对“公司 + 农户”模式的未来发展将构成新的挑战。

---

① 关于温氏集团“公司 + 农户”模式遭遇的困境及对策的具体内容，参见：胡浩民、黄泽文、向安强（2012）。

5.5 结语

在“公司+农户”模式中，农户并不是必然强烈依赖于公司的。农户对公司的依赖受公司所处的市场结构状态的影响：当公司与农户市场都处于完全竞争状态时，公司与农户彼此互不依赖，渠道权力结构处于低度依赖均衡状态，此时，通过市场交易将成为最优选择；当公司市场处于垄断竞争、寡头垄断或完全垄断状态时，农户都会高度依赖于公司，渠道权力向公司方倾斜，公司处于强势地位，拥有主导权。

近年来，随着我国经济的快速发展，农户收入持续增加，开始迈进富裕阶段；而且随着国家惠农政策的实施，农户收入更加多元化，就业机会也更多了；快速增长的工资性收入已经取代家庭经营收入，成为农户家庭纯收入的第一大来源。这些发展趋势将降低农户对家庭经营收入的依赖，从而降低农户对公司的依赖，给“公司+农户”模式的发展带来新的挑战。温氏“公司+农户”模式遭遇的农户弃养的困境，已经给该模式的发展敲了一记警钟。

由此可以得出启示：①“公司+农户”模式有其适用条件，不是放之四海而皆准的农业产业化方式，因此，在农业产业化过程中，不能盲目推广。②“公司+农户”模式中的渠道权力结构不是静态不变的，而是动态发展的。随着我国经济的快速发展，农户自身经济条件的改善，国家各种惠农政策的实施，农户就业机会更多了，收入渠道更加多元化了，这改变了以往农户家庭纯收入高度依赖家庭经营收入的局面，也给该模式的发展带来了新的挑战，公司应该未雨绸缪，采取措施，应对挑战，变挑战为机遇。

6 契约型农产品交易关系违约机理分析

“公司+农户”模式通常也被称为“订单农业”、合同农业或契约农业，是指在农业生产之前，农户与公司签订具有法律效力的产销合同，由此确定双方的权利与义务关系，农户根据合同组织生产，公司按合同收购农民生产的产品的一种农业经营形式（刘凤芹，2003）。公司往往充当龙头企业，直接与农产品生产者进行交易，从事农产品收购、加工和销售。在这种渠道关系中，公司与农户按照双方签订的合同履行相应的权利与义务，农户按照合同约定生产指定品种和数量的农产品，公司按照合同约定专门从事指定农产品的收购、加工和销售，并为农户提供相应的生产服务。公司发挥在农产品加工和销售上的优势，带动农户进入市场，成为联结“小农户”和“大市场”之间的纽带，一定程度上缓解了“小农户”与“大市场”之间的矛盾；同时，公司与农户之间签订产销合同，用一次性交易代替了农户与市场之间的多次交易，大大节约了交易成本。“公司+农户”模式因具有规避价格风险和销售风险的功能而备受农户喜爱，同时也因可以减少交易费用和分散风险而受公司青睐，但居高不下的违约率，使农户和公司都有“望单兴叹”的感觉（刘凤芹，2003）。公司与农户既然选择了契约，为何又不履行契约，选择违约？本章将从渠道权力理论的视角，对“公司+农户”模式的违约机理进行解读。

6.1 契约型农产品交易关系违约动机：效用大小

公司与农户选择“契约”的目的是转嫁或规避风险，节约交易成本或谋求利润的增长，从与对方的交易中获得更多的效用（包括价值、利益和满足感等）。“公司+农户”模式中违约行为的根源，在于公司与农户根本性的经济利益冲突。无论是公司还是签约农户，都是以实现自身利益最大化为目标，以谋求自身经济收入的最大化。这种根本的利益冲突，使得公司与农户都有通过违约来增加自身经济利益的动机。

假定：公司与农户的契约价格为固定价格 P_C；

市场价格为 P_M；

农户能够容忍的市场价格超过契约价格的区间为 A；

公司能够容忍的市场价格低于契约价格的区间为 B；则：

农户面临的违约临界点为 $P_{MH}=P_C+A$

公司面临的违约临界点为 $P_{ML}=P_C-B$

P_C是公司与农户之间的契约价格，是固定不变的。P_M由农产品的市场供求关系决定，往往处于波动之中，$P_M=P_C$，$P_M>P_C$，$P_M<P_C$的情况都有可能出现：当 $P_M=P_C$时，公司与农户的利益都不受影响，公司与农户都会履约；当 $P_M>P_C$时，按照契约价格 P_C交易，农户的经济利益会受损，为了获得高于契约内的利益，农户可能会违约；当 $P_M<P_C$时，按照契约价格 P_C交易，公司的经济利益会受损，为了获得高于契约内的利益，公司可能会违约。但由于公司与农户之间通过合作会产出“合作剩余”（赵慧娥、孙林，2004），“合作剩余”会补偿

一部分因价格变动带来的损失，因此，当市场价格高于契约价格的时候，农户不会马上违约，农户对市场价格超过契约价格有一定的忍耐限度，假定为A；同理，当市场价格低于契约价格的时候，公司也不会马上违约，公司对市场价格低于契约价格有一定的忍耐限度，假定为B。

当市场价格$P_M > P_C$，且$P_M \geqslant P_C + A$时，为获取高于契约内的收益，农户将有可能会选择违约，将产品卖到市场，因此，$P_{MH} = P_C + A$表示农户面临的违约临界点；当市场价格$P_M < P_C$，且$P_M \leqslant P_C - B$时，公司为谋求更多的契约外的利益，将有可能会选择违约，拒收农户的农产品，从市场进行收购，因此，$P_{ML} = P_C - B$表示公司面临的违约临界点。

用图表述如图6－1所示。

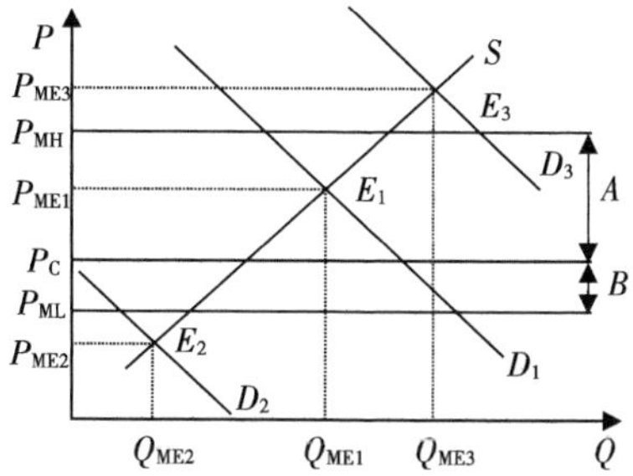

图6－1　公司与农户违约的价格临界区间

由图6－1可知：

如果$P_{ML} < P_M < P_{MH}$，市场均衡点E_1（P_{ME1}，Q_{ME1}）所对应的价格P_{ME1}，尽管超过了契约价格P_C，但是还没有超过农户能容忍的限度P_{MH}，则农户依旧会选择履约；同理，即便市场价格低于契约价格，但只要不超出公司能容忍的限度，公司也会选择履约，因此，当$P_{ML} < P_M < P_{MH}$时，契约关系稳定。

如果 $P_M < P_{ML}$，市场均衡点 E_2（P_{ME2}，Q_{ME2}）所对应的价格 $P_{ME2} < P_{ML}$，超出了公司能容忍的限度，则公司可能会违约。

如果 $P_M > P_{MH}$，市场均衡点 E_3（P_{ME3}，Q_{ME3}）所对应的价格 $P_{ME3} > P_{MH}$，超出了农户能容忍的限度，则农户可能会违约。

由此可知，契约市场的均衡是一个区间，而不是一个均衡点，只要市场均衡点 P_M（E_M，Q_M）落在 $P_{ML} \sim P_{MH}$，产品市场和契约市场同时达到均衡，契约关系就会相对稳定。

在公司与农户签订的合作契约中，影响彼此从与对方交易中获得效用大小的，除价格外，还有很多其他因素，如风险的规避，彼此的相互尊重，公平的利益分配，等等，因此，可以将 P 做一个扩展，让 P 代表公司与农户从合作契约中获得的效用（包括价值、利益与满足感等），或许更接近现实。

因市场价格波动而导致的违约动机，在采用现货市场交易和纵向一体化组织模式的公司与农户之间，不会带来违约问题。在农产品的现货交易市场，价格是协调公司与农户双方产销活动的重要机制，双方之间并不签订任何的书面或口头契约，也就不存在违约问题。在采用纵向一体化的组织模式中，公司掌控农产品生产决策权和财产权，作为农产品生产单位的农户，没有了农产品的财产权，不再具有独立性，也就失去了市场交易主体地位，违约行为无从谈起。

但在以契约为联结纽带的“公司＋农户”模式中，这种违约动机可能会带来严重的违约问题。“公司＋农户”模式通过契约，使双方可以共享对方的知识和能力，创造“合作剩余”。这种以契约为联结方式的合作，并不是建立在对农产品控制权和农产品所有权完全转移的基础之上，公司与农户作为相对独立的实体，在分享“合作剩余”

的时候，都缺乏足够的权力来征用这部分价值。当市场环境发生变化，致使签约的某一方履约的收益小于违约的收益，当事方就会有违约的动机。

6.2 契约型农产品交易关系违约条件：替代的稀缺性

市场价格的波动，为公司或农户的违约提供了动机，实践中，这种动机是否能变成行动，取决于交易双方在合作中的替代稀缺性，即交易任一方在契约外找到合适的交易伙伴的多少与替代的难易程度。

从渠道权力—依赖理论可知，如果农户从与公司的交易中得不到许多价值（较低的利益或者较低的效用），那么有没有替代的提供者就无关紧要了：农户对公司的依赖性都比较低（El - Ansary，Adel & Louis W. Stern，1972；Richard M. Emerson，1962；Kumar，Scheer & Steenkamp，1995）。相反，如果在交易中公司能够给农户提供较大的价值，但是农户可以很容易地找到其他的来源提供同样多的价值，那么公司对农户的益处也就无从谈起：依赖性还是比较低。不管是低效用还是较低的替代稀缺性（即许多替代者），都可以认为是无效的：依赖度总是零。只有当公司能够给农户提高较高的价值，且农户在市场上找不到能够提供同样价值的替代者的时候，农户才会依赖于公司（见图6 - 2a）。同样的分析，也适应于公司对农户，只有当公司能从与农户的交易中获得较高的价值，且在市场上找不到其他的能够提供同样价值的替代者的时候，公司才会依赖于农户（见图6 - 2b）。

在契约履行中，如果市场价格波动比较大，签约方从交易中获得的效用大小就会受到影响。如果市场价格高于契约价格，则作为卖方的农户利益受损，一旦市场价格高于 P_{MH}，农户就会有违约的动机；

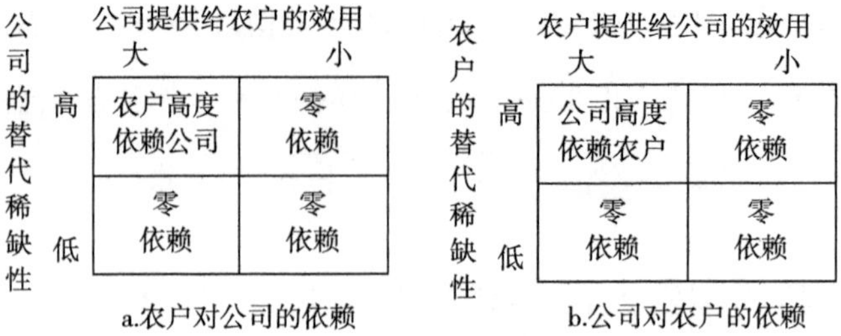

图6－2　“公司＋农户”模式渠道依赖分析

如果市场价格低于契约价格，则作为买方的公司利益受损，一旦市场价格低于P_{ML}，则公司就会有违约的动机。但如果没有契约外的交易伙伴供公司或农户选择，即使价格高于P_{MH}或者低于P_{ML}，农户或者公司也不会选择违约，不是不想，是没有机会。当然，一旦契约外存在可供选择的交易伙伴，就为违约提供了便利，违约就可能成为现实。

实践中，影响公司或农户任一方寻求契约外交易伙伴的难易程度的因素很多。在中国市场上，公司与农户都有选择契约外交易伙伴的条件和机会。

我国的农产品生产方式和不太发达的农产品加工工业，为公司提供了选择契约外交易伙伴的可能性。首先，在我国，农产品生产除了签约农户，还存在大量的非签约农户，这就为公司选择契约外的交易伙伴提供了便利。在生产前就几乎将所有的农产品纳入契约生产之中的西方发达国家，公司没有机会在契约外寻求到合适的交易伙伴。如丹麦，欧盟将农产品生产定额分配给丹麦，丹麦再将生产定额分配给农业合作社，农业合作社再将生产定额分配给农场。因此，农业合作社在契约之外不可能找到农产品生产者，除非农场临时违约，而农场违约又要遭到惩罚（杨明洪，2009）。其次，农产品加工工业不太发达，生产专业化程度很低，农产品加工企业对农产品原料的质量要求不高，生产过程中也没有严格的生产追溯体系，这进一步为公司选择契约外的交易伙伴提供了机会。

我国农产品的销售方式和消费方式，为农户选择契约外的交易伙伴提供了机会。首先，在我国，农贸市场是农产品销售的主要场所，农产品进入门槛很低，或者说几乎没有门槛；其次，尽管随着经济的发展和收入的增加，消费模式不断发展变化，但消费主流模式依旧是以选购未经加工的农产品或者加工程度不高的农产品为主；最后，由于农产品质量的隐匿性，以及农产品的质量检测成本高昂等原因，农产品并没有严格的质量标准。因此，我国农产品特定的销售与消费方式，让农产品很容易进入市场，这就为农户选择契约外的交易伙伴提供了条件，为违约提供了机会。

我国农产品的生产和消费方式，为公司和农户提供了选择契约外的交易伙伴的机会和可能，于是签约农产品的专用性就成为影响公司和农户行为选择的重要因素。农产品专用性是指“农户按商品契约规定生产出来的产品，如果不按约卖给契约方，就可能受到较大的损失”（尹云松、高玉喜，2003）。农产品的专用性主要体现在其自然属性和市场属性上：从自然属性来看，农产品体积越大，理化性质越不稳定，其销售半径越小，销售时间就越短，如果不能按照契约出售，短期内农户很难在市场上找到契约外的合适的买方，因而其专用性就越强（尹云松、高玉喜，2003）；如果农产品理化性质越稳定，其销售范围越广，销售时间就越长，几乎不受时空的限制，因此其专用性就弱。从市场属性来看，农产品的用途越是特定，其市场需求面越窄，生产出来后再去市场上寻找契约外的其他买主的可能性越小，因而其专用性就越强（尹云松、高玉喜，2003）；反之，如果农产品的销售对象越广，则其专用性就弱。一般而言，签约农产品的专用性越强，农户在市场上寻求契约外的合适的交易伙伴的可能性越小，农户违约转售的可能性就越小；同样，公司也很难在契约外寻求到合适的交易伙伴提供专用性很强的农产品，违约拒收的可能性就越小，因此，签约农产品的专用性越强，其商品契约关系就越稳定。尹云松等（2003）的研究充分地支持了这一点，他们对五家国家级、省级和市级农业产业化重点龙头企业进行实证研究，结果显示，在公司选择守信的前提下，产品专用性强的商品契约都非常稳定。刘凤芹也认为由于“公司+农户”合作模式在特色农产品领域里合作的交易成本小于非合作的交易成本，因此该模式一般存在于特色农产品领域，在大宗农产品领域，这种模式是难以展开的（刘凤芹，2009）。

在中国市场上，那些大宗种植业的农产品（如大米），专用性很弱，这类农产品的商品契约，在契约关系的稳定性上，就带有先天的脆弱性；而那些特种种植业的农产品（如席草），由于产品具有很强的专用性，其商品契约，在契约关系的稳定性上，就有先天的优势。

6.3 契约型农产品交易关系违约成本：替代成本的高低

价格的大幅度波动，为签约公司或农户提供了违约的动机；契约外存在的可供选择的交易伙伴，为违约行为提供了便利；最终签约当事方是否会选择违约，作为理性的决策者，会在违约收益和违约成本之间进行权衡。

在“公司+农户”组织模式中，公司与农户双方首先签订契约，然后农户按照契约生产公司要求的农产品。农产品收获后，假设农户有两种选择：履约，按照契约将农产品出售给公司；违约，面向市场出售农产品。同样，在收购农产品时，假设公司也有两种选择：履约收购或违约拒收。

农产品生产的周期性，决定了农产品的订单一般是要在订单签订后一段时间才能履行，即属于远期交易合约。在履约期间，由于外部环境特别是市场环境（如价格）易变，事先制定的契约条款可能不能适应新的环境条件，履约就会成为问题。市场价格的波动，往往是造成履约问题的最直接的主要原因。

假定：公司与农户的契约价格为固定价格 P_C；

契约交易量为 Q；市场价格为 P_M；

市场行情看好（价格上涨）时的市场价格为 P_{MG}（$P_{MG} > P_C$）；

市场行情看坏（价格下跌）时的市场价格为 P_{MB}（$P_{MB} < P_C$）；

贴现率为 δ；违约赔偿金为 D；

签约当事一方违约另一方获得赔偿金的概率为 ρ（$0 \leqslant \rho \leqslant 1$）；

公司违约后第 i 年的损失为 c_i（$i = 1, 2, 3, \cdots, n$），n 为公司经营的年限；

农户违约后第 i 年的损失为 f_i（$i = 1, 2, 3, \cdots, n$），n 为农户经营的年限。

无论是公司还是农户，其违约损失包括：为发展订单而投入的成本，以及由于违约造成的信誉损失而带来的未来交易成本的增加。

假定公司违约，则公司违约损失的贴现值之和为：

$$C = \sum_{i=1}^{n} c_i / (1 + \delta)^{i-1}$$

假定农户违约，则农户违约损失的贴现值之和为：

$$F = \sum_{i=1}^{n} f_i / (1 + \delta)^{i-1}$$

（1）在市场行情看好的情况下，公司与农户履约博弈的收益矩阵见表6-1。

表6-1　市场行情看好时公司与农户博弈的收益矩阵

博弈双方	农户		
公司	策略	履约	不履约
	履约	$(P_{MG}-P_C)Q$；P_CQ	$(P_C-P_{MG})Q+\rho D$；$P_{MG}Q-F-\rho D$
	不履约	$(P_C-P_{MG})Q-C-\rho D$；ρD	$(P_C-P_{MG})Q$；$P_{MG}Q$

注：表格中（*；*），前者表示公司的收益函数，后者表示农户的收益函数。

表6-1的收益函数表明，在农产品市场行情好（价格上涨）的情况下，因为$P_{MG}-P_C>0$，所以公司的占优策略是履行契约。在公司选择履约的前提下，农户选择违约的收益是$P_{MG}Q-F-\rho D$，农户选择履约的收益是P_CQ。农户选择履约还是违约，取决于不同策略下的收益大小的比较：

如果违约收益大于履约收益，即$P_{MG}Q-F-\rho D>P_CQ$，则农户会选择违约；

如果违约收益小于履约收益，即$P_{MG}Q-F-\rho D<P_CQ$，则农户会选择履约；

如果违约收益等于履约收益，即$P_{MG}Q-F-\rho D=P_CQ$，此时为农户违约的临界点。

在农产品市场行情好（价格上涨）的情况下，农户的违约收益为：$(P_{MG}-P_C)Q$，农户的违约成本为：$F+\rho D$，将上面的三个式子做移项处理，可以得到：

当$(P_{MG}-P_C)Q>F+\rho D$时，即违约收益大于违约成本，农户会选择违约；

当$(P_{MG}-P_C)Q<F+\rho D$时，即违约收益小于违约成本，农户会

选择履约；

当（$P_{MG}-P_C$）$Q=F+\rho D$ 时，即违约收益等于违约成本，是农户选择履约还是违约的临界点。

农户的违约收益（$P_{MG}-P_C$）Q 的大小，取决于 P_{MG} 与 P_C 之间的差距，即价格上涨的幅度。结合第一部分的分析可知：

当价格上涨的幅度 $P_{MG}-P_C>A$ 时，价格波动超出农户能够容忍的区间，农户可能会选择违约；

当价格上涨的幅度 $P_{MG}-P_C<A$ 时，价格波动在农户能够容忍的区间，农户会选择履约；

当价格上涨的幅度 $P_{MG}-P_C=A$ 时，是农户选择履约还是违约的临界点，该等式两边同时乘以 Q，可得：

$$(P_{MG}-P_C)Q=AQ \tag{6-1}$$

当违约收益等于违约成本时，是农户的另一个违约临界点，即：

$$(P_{MG}-P_C)Q=F+\rho D \tag{6-2}$$

式（6－1）、式（6－2）联立可得：

$$AQ=F+\rho D \tag{6-3}$$

式（6－3）两边同除以 Q，可得：$A=(F+\rho D)/Q$

（2）在市场行情看坏的情况下，公司与农户履约博弈的收益矩阵见表6－2。

表6－2　市场行情看坏时公司与农户博弈的收益矩阵

博弈双方		农户	
公司	策略	履约	不履约
	履约	$(P_{MB}-P_C)Q$；$P_C Q$	$(P_C-P_{MB})Q+\rho D$；$P_{MB}Q-F-\rho D$
	不履约	$(P_C-P_{MB})Q-C-\rho D$；ρD	$(P_C-P_{MB})Q$；$P_{MB}Q$

注：表格中（＊；＊），前者表示公司的收益函数，后者表示农户的收益函数。

表6－2的收益函数表明，在农产品市场行情看坏（价格下跌）的情况下，因为 $P_C > P_{MB}$，所以农户的占优策略是履行契约。在农户选择履约的前提下，公司选择违约的收益是（$P_C - P_{MB}$）$Q - C - \rho D$，公司选择履约的收益是（$P_{MB} - P_C$）Q（因为此时 $P_{MB} < P_C$，所以 $P_{MB} - P_C < 0$，因此，公司选择履约其实是损失（$P_{MB} - P_C$）Q）。公司选择履约还是违约，取决于不同策略下的收益大小的比较：

如果（$P_C - P_{MB}$）$Q - C - \rho D <$（$P_{MB} - P_C$）Q，即违约收益小于履约收益，公司会选择履约；

如果（$P_C - P_{MB}$）$Q - C - \rho D >$（$P_{MB} - P_C$）Q，即违约收益大于履约收益，公司会选择违约；

如果（$P_C - P_{MB}$）$Q - C - \rho D =$（$P_{MB} - P_C$）Q，即违约收益等于履约收益，是公司选择履约还是违约的临界点。

在农产品市场行情差（价格下跌）的情况下，公司的违约收益为：（$P_C - P_{MB}$）Q，公司的违约成本为：$C + \rho D$，将上面的三个式子分别做移项处理，可以得到：

当（$P_C - P_{MB}$）$Q <$（$C + \rho D$）$/2$，即违约收益小于违约成本的一半，公司将选择履约；

当（$P_C - P_{MB}$）$Q >$（$C + \rho D$）$/2$，即违约收益大于违约成本的一半，公司将选择违约；

当（$P_C - P_{MB}$）$Q =$（$C + \rho D$）$/2$，即违约收益等于违约成本的一半，是公司选择履约还是违约的临界点。

公司的违约收益（$P_C - P_{MB}$）Q 的大小，取决于 P_{MB} 与 P_C 之间的差距，即价格下跌的幅度。结合第一部分的分析可知：

当价格下跌的幅度 $P_C - P_{MB} > B$ 时，价格波动超出公司能够容忍的区间，公司会选择违约；

当价格下跌的幅度 $P_C - P_{MB} < B$ 时，价格波动在公司能够容忍的区间，公司会选择履约；

当价格上涨的幅度 $P_C - P_{MB} = B$ 时，是公司选择履约还是违约的临界点，该等式两边同时乘以 Q，可得：

$$(P_C - P_{MB})Q = BQ \tag{6-4}$$

当违约收益等于违约成本的一半时，是公司的另一个违约临界点，即：

$$(P_C - P_{MB})Q = (C + \rho D)/2 \tag{6-5}$$

式（6-4）、式（6-5）联立可得：

$$BQ = (C + \rho D)/2 \tag{6-6}$$

式（6-6）两边同除以 Q，可得：$B = (C + \rho D)/2Q$。

由此可见，当市场行情看好（价格上涨）时，公司的占优选择是履约，农户的策略选择取决于 P_{MG} 与 P_C 差距的大小，以及 F 和 ρD 的大小；当市场行情看坏（价格下跌）时，农户的占优选择是履约，公司的策略选择取决于 P_{MB} 与 P_C 差距的大小，以及 C 和 ρD 的大小。

通过以上分析，可以发现："公司 + 农户"模式签订的契约能否履行，与价格波动的幅度（P_{MG} 与 P_C 或 P_{MB} 与 P_C 差距的大小）、签约农产品的专用性强弱、违约赔偿金（ρD）的高低和违约损失（C 或者 F）的大小有关。签约后，契约履行期间，市场价格与签约价格的背离，是违约的动因：

当市场行情看好（价格上涨）时，价格的波动有利于公司，公司会选择履约，因为此时履约是公司的占优选择。市场价格高于签约价格，农户的利益将会受损，农户的策略选择取决于价格波动的幅度：

当市场价格与契约价格的价格差距小于 A 时，农户会选择履约；当市场价格与契约价格的价格差距大于 A 时，农户就有了违约动机，此时违约动机是否会转化为违约行为，受签约农产品专用性强弱的影响。如果签约农产品专用性很强，农户很难在契约外找到合适的买方，只能履约；如果签约农产品的专用性很弱，农户很容易在契约外找到合适的交易伙伴。此时，是否违约取决于违约收益与违约成本之间的比较：如果违约收益小于违约成本，农户会选择履约；如果违约收益大于违约成本，农户会选择违约。农户策略选择过程分析可图 6－3。

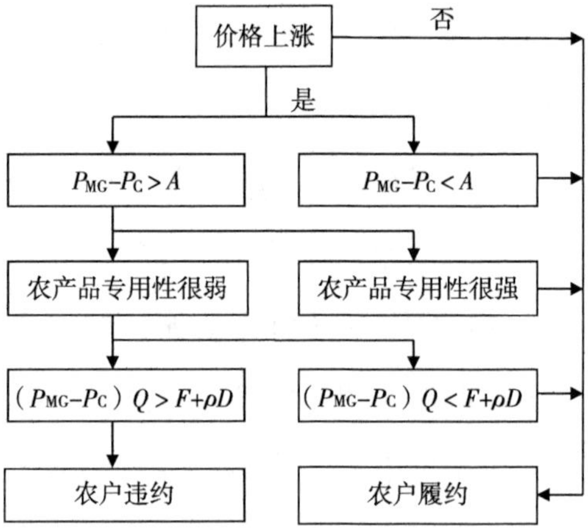

图 6－3　市场行情看好时农户的策略选择

当市场行情看坏（价格下跌）时，价格的波动有利于农户，农户会选择履约，因为此时履约是农户的占优策略。市场价格低于签约价格，公司的利益将会受损，公司的策略选择取决于价格波动的幅度：当市场价格与契约价格的价格差距小于 B 时，公司会选择履约；当市场价格与契约价格的价格差距大于 B 时，公司就有了违约动机，此时违约动机是否会转化为违约行为，受签约农产品专用性强弱的影响。如果签约农产品专用性很强，公司很难在契约外找到合适的卖方，只能履约；如果签约农产品的专用性很弱，公司很容易在契约外找到合适的交易伙伴。此时，是否违约取决于违约收益与违约成本之间的比较：如果违约收益小于违约成本，公司会选择履约；如果违约收益大于违约成本，公司会选择违约。公司策略选择过程分析见图 6－4。

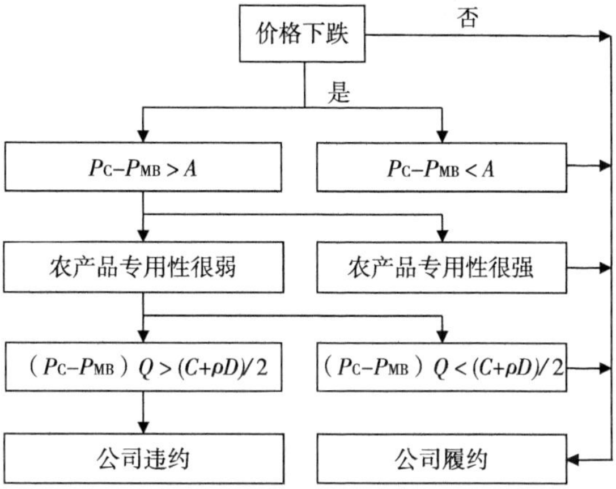

图 6－4　市场行情看坏时公司的策略选择

7　契约型农产品交易关系中违约表现形式

在农业产业化的进程中，“小农户”与“大市场”矛盾突出（张闯、周洋、田敏，2010），“公司＋农户”模式被普遍认为是一种帮助农户进入市场的行之有效的方式，备受青睐，成为目前我国农村地区产业化采用率最高的经营模式之一，所占比例为45%（高阔、甘筱青，2012）。实践中，通常也被称为“订单农业”、合同农业或契约农业，其实质就是农户与公司之间的契约型农产品交易（徐建，2010）。然而在实践中，公司与农户之间的关系很不稳定（胡克敏、郭锦墉，2008），农产品销售契约违约率高达80%（刘凤芹，2003）。公司与农户的交易受契约不完全、各种风险和不确定性的影响，机会主义行为时有发生（陈灿，2013）。

机会主义行为是一种损人利己的行为，在信息不对称的情况下，通过掩盖或者扭曲信息，尤其是有预谋地对对方进行误导、歪曲事实、掩盖真相，不惜损害别人的利益，为自己牟取好处。根据机会主义行为出现的时间顺序，威廉姆森（1985）将机会主义行为分为两种，即事前机会主义行为和事后机会主义行为；按照机会主义产生的原因，又将事后机会主义分为隐藏信息的道德风险、隐藏行动的道德风险和敲竹杠。刘燕（2006）将机会主义行为分为基于信息不对称的“逆向选择”和“道德风险”行为、基于资产专用性投资的“敲竹杠”行为、基于集体行动的“搭便车”行为和基于博弈次数（交易频率）的短期化行为等四种类型。

在契约型农产品交易关系中，各种违约行为，如“逆向选择”“道德风险”“敲竹杠”“搭便车”和行为短期化等机会主义行为屡见不鲜，其中既有公司违约，也有农户违约。牛若峰（2002）调查显示，企业在各地违约事件中约占70%，农户约占30%。农业部农业产业化办公室（2002）的相关调查资料显示，在16948个实行契约型农产品交易关系的龙头企业中，龙头企业取消收购农产品实行保护价承诺的，占比高达38%。结合公司与农户在契约型农产品交易关系中的机会主义行为的内容与具体表现形式，本研究将采用刘燕（2006）的观点，将契约型农产品交易关系中的机会主义行为分为四种类型，并剖析机会主义行为的成因。希望本研究能够为更好地治理公司与农户之间的交易关系这个亟待解决的理论与实践的难题提供一定的指导和帮助。

7.1　契约型农产品交易关系中违约表现

7.1.1　基于信息不对称的“逆向选择”和“道德风险”行为

信息不对称可能会引发人们机会主义行为的倾向。“逆向选择”是掌握信息的一方利用对方的无知为自己牟取利益的机会主义行为。在公司与农户的契约型农产品交易关系中，“逆向选择”是指在信息不对称的情况下，公司或农户利用信息不对称，在签订合同之前，故意隐瞒或扭曲信息，诱导对方签订对己方有利的契约。这种发生在签约之前的机会主义行为主要表现为，公司刻意隐瞒有关农产品的市场需求、价格等信息，隐藏公司自身的经营状况和经营能力等信息；农户故意隐藏自己的种植能力和管理能力，农产品的质量信息等。例如我国乳制品行业中，从事牛奶收购的奶站刻意向奶农隐藏原奶需求量和原奶收购价格上涨等信息的机会主义行为（李芊蕾等，2010）。

“道德风险”是指参与合同的一方所面临的对方可能改变行为而损害到本方利益的风险（Dsavid & Aidan，1989），是在信息不对称的情况下，当交易一方参与人无法观察另一方的行动或观察（监督）成本太高时，一方行为的变化对另一方利益的损害。道德风险根据隐藏内容的差异性，可以分为隐藏信息的道德风险和隐藏行动的道德风险。隐藏信息的道德风险是指，在签约之后，交易一方可能利用信息不对称与信息优势，通过隐藏某些信息而使对方受损，己方获益。例如，2008 年的“三聚氰胺事件”，奶站为增加蛋白质含量，偷偷将化工原料三聚氰胺添加到原奶中。隐藏行动的道德风险是指，在签约之后，公司或农户可能利用对方对己方某些行动无法观测或难以证实的特点，做出违反初始契约规定但有利于增加自身利益的行动。如交易一方减少自己的要素投入，或违背合同，或钻制度、政策及合同的空子，采取隐蔽行动以实现自我效用最大化。例如，2001 年“温树汉”与“万益”欠下一身债务先后人去楼空，养鸡农户索款无门，苦不堪言。

无论是“逆向选择”，还是“道德风险”，都会造成效率的损失。由于信息不对称，公司（或农户）想要识别对方隐藏的信息或隐蔽的行动需要付出代价，甚至是高昂的代价。“逆向选择”和“道德风险”行为产生的主要原因是信息不对称。在市场中，信息不对称是普遍存在的基本事实。在公司与农户的合作中，信息不对称更是不争的事实，因此发生基于信息不对称的这两类机会主义行为也就司空见惯了，一种普遍的机会主义行为表现为：当契约价格高于市场价格时，公司就有可能会对农户提供的产品压价收购，甚至拒收，转而从市场进行收购；同样，当契约价格低于市场价格时，农户就有可能选择违约，偷偷转售。

7.1.2 基于资产专用性投资的“敲竹杠”行为

在需要合作双方共同投资的情况下，机会主义行为也极为普遍。资产的专用性程度就取决于资产在特定的交易关系中被“锁定”的程度，即要打破既定关系或制度规则，资产将面临高昂的转置成本或退出成本。一旦交易双方进行了专用性投资，就意味着交易双方将在双边关系下进行活动。资产的专用性程度决定了投资方退出交易过程和契约关系的困难程度，并对对方产生依赖，这就弱化了投资方在投资完成后的谈判地位。如果在交易中，某种专用性投资的事先的竞争被事后的垄断所取代，就可能会导致交易另一方将专用性资产的“准租金”据为己有的机会主义行为的倾向。契约的不完全，让这种可能转变为现实。因此，在具有专用性资产投资的契约关系中，就形成了一种可占用的专用性“准租金”，如果契约中的任何一方企图利用契约的不完全占用对方的“准租金”，“敲竹杠”这种事后机会主义行为就出现了。在公司与农户的契约型交易关系中，必然会产生“敲竹杠”问题。例如，在乳制品产业中，根据契约要求，奶农生产出只能卖给奶站或乳制品企业的专门农产品原奶，对方就有可能在收购原奶时，借用种种理由对农户提供的原奶进行压级或压价收购，于是就发生了买方“敲竹杠”问题；奶站或乳制品企业进行了专门的加工设备等专用性投资，如果农户不按契约规定提供原奶，或者在奶源紧张之时，提供质量不合格的原奶，这就发生了卖方“敲竹杠”问题。

产生“敲竹杠”问题主要有“专用性准租”和“契约的不完全性”两方面的原因。资产专用性投资形成了可占用的“专用性准租”，专用性投资同时会降低投资者在事后分割中讨价还价的地位，契约的不完全性会影响契约双方事先约定的对剩余的分割，另一方则会索取比事先协商好的更多的事后剩余，“敲竹杠”问题就此产生。

7.1.3 基于集体行动的“搭便车”行为

“搭便车”，也称“免费乘车”，是指人的机会主义行为形成的“集体行动的难题”。在协作性交易中，表现为个人以某种形式“偷懒”却获得相同的报酬。在公司与农户的契约型交易关系中，一方是为数众多、分散且规模小的农户，而另一方是规模巨大、实力较强的农产品收购或加工企业。当多数农户采用一致性的“机会主义”行为时，由于诉诸法庭的困难，公司要分别起诉为数众多的农户，诉讼成本可能远远高于可能讨回的单个农户的赔偿，放弃起诉，往往是多数情况下公司的理性选择。同样，如果公司实施机会主义行为时，单个农户想要起诉公司，成本高昂，单个农户往往难以承担或不愿承担，只能选择忍气吞声。因此，个人理性造成了集体或合作方的外部负效应，使集团利益的激励不足，导致行为人的激励弱化，却为“搭便车”者提供了“机会主义”行为的激励。“搭便车”行为在公司与农户的契约型交易关系这样需要高度合作的集体行动中有着特殊的表现。

当市场价格高于契约价格时，农户存在着把农产品销售给市场的强烈动机。面对农户的集体一致性违约行为，渠道权力就会失效，公司是否诉诸法律，面临着成本与收益的权衡，成本是诉诸法院的费用和旷日持久的诉讼程序，收益是单个农户的赔偿额。结果往往是，农户违约后，公司通常的理性选择是保持“沉默”。例如，1992 年，山东省莱阳市在牛蒡市场价格上涨到每公斤 1.20 元，远高于每公斤 0.40 元的合同价格时，农户纷纷选择违约，把产品卖给市场。在面对农户一致性违约时，企业要把单个农户诉诸法律的成本高昂，只能听之任之，任由农户违约。当市场价格低于契约价格时，公司存在违约弃约的动机，倾向于直接按市场价格购买，或故意压级压价。面对公司的违约行为，交易量小、收益低的单个农户，如果诉诸法律，将面临高昂费用，农户个人往往难以承担或不愿意承担高昂的诉讼费用。权衡成本与收益，公司违约后，单个农户往往不会诉诸法律，只能无奈地选择“忍气吞声”。

7.1.4　基于博弈次数（交易频率）的短期化行为

在一次性的交易与合作中，机会主义行为可能会表现得更加突出。当事人只进行一次性交易时，采取机会主义行为的可能性会更大。如果存在重复的多次交易，当事人为获取长期利益，往往需要建立自己的声誉，在一定时期内实现合作均衡。这种基于长期交易与较高交易频率产生的遵守契约与交易条款的行为，或许是更加理性的“机会主义”。

如果说，在长期重复博弈交易与契约执行过程中，还存在着相互适应、改变策略的许多机会，采取动态跟随策略，参照对方不断调整自己的战略和策略以获得“双赢”博弈结果的机会，那么，在即将结束的或为数有限的利益互换的交易中，当事人则更有可能采取“一锤子买卖”的方式，以“先下手为强”的策略防止“后下手遭殃”的结局。在公司与农户的交易博弈中，因双方所处地位悬殊、谈判能力不对等，很容易造成非均衡的博弈结果。公司与农户都保持一种高度警惕的心态，担心对方会采取欺骗行为而给自身带来损失。1992 年山东莱阳的“牛蒡大战”和 2001 年浙江菜农坑“雨云”事件，就是典型的农户短期化行为。

7.2 契约型农产品交易关系中的机会主义行为的成因

7.2.1 公司和农户的“有限理性”与自利行为动机

关于农户的行为是理性还是非理性的，学界存在分歧。R. 菲尔斯、S. 塔克斯等“新古典学派”农民学家的“便士资本家”论和 T. 舒尔茨、S. 波普金等的“理性的小农”论都认为，自然经济状态下的农户冷静而理智，理性的农户将放弃不经济的农业，使农业循着决策合理化、效益最优化的方向发展，最终经济的农场将取代不经济的小农户。然而，在许多不发达社会中，农户仍然一代又一代地继续投身于“不经济的”农业，“理性的小农”论遭到质疑。A. 恰亚诺夫、A. 佛图那托夫、A. 切林采夫和 H. 马卡罗夫等俄国的新民粹主义农民学家最早对这种“理性的小农”论提出批评，他们认为农户做出经济行为的目的是生活而不是追求“效益”。林毅夫（1988）认为，小农的行为是理性的，但其理性行为会受到人的主观认识能力、信息搜寻成本以及外部经济条件等的制约，往往表现为有限理性。秦晖（1996）则认为传统农户个体的经济动机往往是理性的，而农户整体的经济行为则表现为非理性；黄宗智（2000）认为中国的农民既不完全是 T. 舒尔茨意义上的追逐利润最大化的“理性的农民”，也不完全是 A. 恰亚诺夫设想的生计生产者，而是介于两者之间，既是一个利润追逐者，又是一个维持生计的生产者。赵峰和余艳琴（2007）认为，伴随着传统社会向现代社会转型的市场化过程的，是农户的生存理性向发展理性跨越的过程。张春勋（2010）认为“在各种社会和经济因素的制约下，目前以及今后相当长的一段时间内，我国农户将处于由生存理性向发展理性过渡的中间状态，农户是有限理性的”。

关于农户行为是否理性的研究，不同学派运用不同的研究方法，在不同时期和不同的社会经济环境下，得出了不同的研究结论，反映了不同时期、不同社会经济条件下，不同类型的农户行为特征，都有其合理性。因此，研究当代中国农户的经济行为，必须结合国情和社会经济制度，才能深刻地认识农户的经济行为。本书认为农户行为是理性的观点更贴近农户行为的实际，认为我国农户是“理性的小农”，但由于外部经济条件、信息搜寻费用以及主观认识能力的多重制约，农户行为的理性主要表现为有限理性，因而农户是有限理性的，同样的行为假设适用于与农户合作的公司。

同时，经济学研究的“人”都具有自利性。在追求自身利益最大化的过程中，一方面，会促进社会经济的发展；另一方面，可能会损害他人的利益。损害他人利益的行为的结果往往是损人利己，属于机会主义行为。威廉姆森（1985）认为最强的形式的自利行为就是机会主义。毫无疑问，人的自利行为动机往往成为机会主义行为产生的根源（张五常，1999）。

7.2.2 信息不完全与信息不对称

信息不完全是指市场参与者不拥有某种经济环境状态的全部知识。信息不完全既包括绝对意义上的不完全，即由于认识能力的限制，人们不可能知道在任何时候、任何地方发生任何情况，也包括“相对”意义上的不完全，即市场经济本身不能够生产出足够的信息并有效地配置它们。

农产品交易关系中的公司与农户对有关信息的了解是有差异的，农户掌握更多的是农产品的信息，而公司掌握更多的是市场信息，他们掌握的信息是不完备的，也是不对称的。信息不完备是指在交易中，公司与农户不能准确地掌握有关交易的一切情况，竭尽所能仍然存在未知王国；信息不对称是指交易中的公司与农户都拥有不为对方所知的专有信息，从而拥有某方面的信息优势；同时，因无从知晓对方所拥有的专有信息，也就在某方面处于信息劣势。信息的不对称还意味着公司（农户）无法确知对方了解什么，不了解什么。如果信息都是完备的，也就不存在信息不对称的问题了。信息的不完备，也可能是对称的。如果交易双方都知晓对方所知道的信息，并知晓对方所不知道的信息，那么，信息的不完备也就具有了一定的不对称性。因此，信息的不对称性实际上在某种程度上也包含了信息的不完备。

在公司与农户的契约型农产品交易关系中：签约之前，公司可能会隐藏市场需求和价格等信息，让签订的契约有利于己方；同样，农户也可能会把有关农产品生产方面的一些知识和经验隐藏起来，以便事后获益。签约之后，公司和农户既可能“隐藏信息”，也可能“隐藏行动”，为自己牟利。

7.2.3 契约的不完全性

契约，俗称协议、合约或合同，是由完全独立、对等的缔约双方之间通过自由谈判，对特定产权进行交易所缔结的一致性协议，是在法律上具有约束力的协议。威廉姆森（2002）将经济学分为“选择科学”和“契约科学”，前者以新古典经济学为代表，后者以新制度经济学为代表。新制度经济学中的契约通常是指“不完全契约”。契约不完全的思想起源于科斯，其在《企业的性质》（1937）中指出，由于存在预测方面的难度，物品或劳务供给的契约期限越长，实现契约的可能性就越小，因此，买方也就越不愿意对对方该干什么做出明确的规定。继承和沿袭科斯的这一思路，发展出了以威廉姆森为主要代表的交易费用经济学和以哈特为代表的产权理论两个不同分支的不完全契约理论。两种理论都不约而同地认为有限理性、资产专用性和机会主义是导致契约不完全的主要原因，这是他们的共同点，但两种理论也存在明显的分歧，主要体现在分析问题的思路和重点上。以威廉姆森为主要代表的交易费用经济学强调：事后失调，是契约不完全导致的主要交易成本所在，因此主张治理的重点在于，选择一种合理的治理结构，来节约事前和事后的交易成本。以哈特为代表的产权理论则认为，对事前的专用性投资激励的影响，才是导致契约不完全的主要问题，因此建议通过一定的机制来保护对事前投资的激励。

7.2.4 资产专用性

Williamson（1979）认为资产专用性是指为支持某项特殊交易而进行的耐久性投资。专用性资产至少可以分为地点专用性、实物资产专用性、人力资产专用性和特定用途的资产等。Williamson（1991）拓展了资产专用性内容，将必须在特定时间使用的专用性资产定义为瞬时专用性，也称时间专用性资产。公司与农户的契约型交易关系中一般会涉及较强的资产专用性投资。农户在从事专业化生产中投入的资产专用性程度可以从以下六方面来考察：农业生产特性和农产品供需弹性决定的瞬时专用性；组织化程度决定的协同专用性；规模化专业生产决定的实物资产专用性；专业化农业技术决定的人力资产专用性；单一农产品决定的销售性资产专用性；产品的可标准化程度决定的品牌专用性（罗必良、刘成香、吴小立，2008）。公司与农户签订契约后，按照契约的事前约定，公司往往都会向农户提供诸如良种、种畜、化肥和农机等生产资料，或提供技术服务，这些投资具有较强的专用性，而且一旦投入，不可收回；同时，公司还要投资建厂，对收购的特定农产品进行加工，这些投资也具有较强的专用性。在有限理性的条件制约下，由于存在专用性资产投资，交易各方都有可能采取机会主义行为，从而增加交易成本（Williamson，1998）。

7.3 结语

综上所述，公司与农户的自利倾向、追求更高的效用，构成了机会主义行为的主观（或内在）因素，信息不完备与信息不对称，为机会主义行为提供了客观（或外在）条件，契约的不完全，则为机会主义行为提供了实施的空间或交易环境，专用性资产的投入，将投资主体“锁定”在关系中，并形成了一种可占用的专用性“准租金”，又为机会主义行为提供了利益诱惑。同时，信息不对称和信息不完全，催生了契约关系的不确定性，公司与农户的有限理性与机会主义行为，又加剧了契约关系的不确定性。机会主义行为实施的结果，进一步强化了信息不对称，加剧了风险和收益的不对称。因此，有限理性、信息的不完备与不对称、专用性资产的存在和机会主义行为增加了公司与农户之前签订契约的成本，以及契约的实施成本。如何低成本、高效率地防范公司与农户之间契约关系中的各种机会主义行为，成为该模式在农业产业化中推广和普及应该关注的一个重大问题。

8 契约型农产品交易关系不稳定的解决思路

契约型农产品交易关系中，公司与农户在契约签订后要面对的现实是：①农产品生产与需求的不确定性导致的价格的剧烈波动。在追求交易效用最大化的动机下，当市场价格远高于契约价格时，农户就有违约的动机；当市场价格远低于契约价格时，公司就有违约的动机。②大量的契约外的农产品生产者的存在，以及契约外农产品买家的存在。契约外的农产品生产者的存在，为公司的违约提供了可选择的条件，同样契约外农产品买家的存在，也为农户的违约提供了可能性。③农产品进入市场的低门槛。这意味着违约的转换成本比较低。如果因违约而获得的收益高于因此而付出的成本，那么违约就有可能成为现实。

当然，不同行业、不同品类的农产品，由于自身的差异性，所面对的这些现实都有所差异，因此在履约率上就会存在差异性，应该分别加以分析对待。如果简单地说，“公司 + 农户”模式在实施中违约率过高，显然是有失偏颇的。因为如果单个农户能从与公司的合作中获得很高的效用，并且很难寻求契约外的其他合适的合作者，单个农户就会高度依赖于公司，此时如果公司能够正确地运用渠道权力，公平公正地对待合作农户，关系就会比较稳定。因此在解决契约型农产品交易关系不稳定性问题时，我们还是有一些基本思路可以遵循的。

8.1 扩大契约市场均衡区间

农产品生产与需求的不确定性导致的价格剧烈波动，无论是公司还是农户，都是无法掌握和调控的，公司和农户所能做的就是适应这种波动。因为在签订合同时，由于信息的不完备性和不对称性，以及人类认知的局限性，再加上环境的变化，签约者无法准确地预知价格，为了增强价格的适应性，可以设计出一套“利益共享”的价格机制，以保证契约双方在合作中的利益，从而扩大契约的均衡区间，阻断违约的动因。

从第6章的分析中我们发现，能保证契约型农产品交易关系中的公司和农户履约的并非契约价格本身，而是契约双方在契约价格博弈的基础上所能接受的“利益共享”的价格。因为在公司与农户的交易过程中，公司与农户考虑的不仅是签约价格，还会考虑各自在交易中节省的费用，通过合作获得的预期收益，以及违约费用等。

当市场行情看涨，即市场价格高于签约价格时，公司的占优策略是履约，农户也并不一定就选择违约，农户能容忍的履约价格区间为：$A=(F+\rho D)/Q$，其中$F=\sum_{i=1}^{n}f_i/(1+\delta)^{i-1}$，$F$为农户违约损失的贴现值之和；$D$为违约赔偿金；$\rho$（$0\leqslant\rho\leqslant1$）为签约当事一方违约另一方获得赔偿金的概率。

当市场行情看跌，即市场价格低于签约价格时，农户的占优策略是履约，公司也并不一定就选择违约，公司能容忍的履约价格区间为：$B=(C+\rho D)/2Q$，其中$C=\sum_{i=1}^{n}c_i/(1+\delta)^{i-1}$，$C$为公司违约损失的贴现值之和；$D$为违约赔偿金；$\rho$（$0\leqslant\rho\leqslant1$）为签约当事一方违约另一方获得赔偿金的概率。

由此可见，在契约型农产品交易关系中，能保证公司与农户最大履约率的合同最优执行价格并非契约价格，也不是市场价格，而是契约双方在既定契约价格博弈的基础上所能接受的“利益共享”价格。这就意味着，签约双方完全可以通过某种价格机制的设计，让契约双方在合作中能够达到“利益共享”，就能够提高签约双方的履约率，提升契约型交易关系的稳定性。

8.1.1　节约交易费用，提高合作收益

公司与农户交易过程中，可以节约大量的交易费用，如在交易过程中的讨价还价费用、信息搜索费用、交通费用等，从而大大降低交易的成本。温氏公司通过“公司＋农户”这种准纵向一体化的渠道制度安排，将农户变成企业一个个“生产车间”，使得农户和温氏集团在整个生产过程中都是低成本运作的（郑华平，2008）。温氏公司作为渠道系统的组织者和管理者，与农户分工合作，共同完成全过程的生产。温氏集团的合作政策是：农户投资3万～5万元，按照温氏的标准建好鸡（猪）舍，缴纳每只鸡4元左右的合作互助金（养猪户缴纳约200元/头），领取鸡苗、药物、饲料进行肉鸡饲养。按正常的原料价格和销售价格，每饲养1只鸡可得毛利2～3元，公司和农户的分配比例为5:5，即每只鸡的收益为1～1.5元。公司向农户提供优良品种、先进的生产技术和管理方法以及市场信息和资金的帮助，农户则承诺按公司要求生产和交售产品。温氏公司向农户提供猪或鸡苗、饲料、药物等，在养殖过程中，公司向农户提供各种技术指导和服务：公司在一定区域范围内设立一个服务中心，为每20～30个养鸡户安排一个联络员，由此形成了一个全方位的服务网络，针对农户的需求，

公司及时派员或聘请专家适时解决。对公司而言，与农户合作，公司不用买地建设大量的猪舍、鸡舍，这就少了一大笔前期成本的投入；农户的成本也低，只需投资建猪舍、鸡舍，基本不需要现金购买鸡或猪苗、饲料、药物等，农户从领取公司的鸡苗、支付适当的定金起（每只鸡4～5元），接受公司的服务均采取记账的形式，省去了一笔很大的流动资金。另外，温氏公司将畜牧产业链中的育种、种苗、饲料、防疫、养殖、产品上市等环节组合成有机整体，在产业链内部建立一套完善且相对封闭运行的流程管理体系，这种通过控制农产品生产过程的方式不但可以成功化解生产风险，降低生产成本，而且通过准标准化的生产，使得最终产品质量比较稳定，产品质量易于考核，交易过程中的讨价还价变得容易，降低了交易成本。

8.1.2 签订浮动价格，保证预期收益

在契约中签订浮动价格，让契约价格随着市场价格而波动，从而直接扩大契约的履约价格区间，阻断违约的价格动因。温氏公司对签约农户的承诺是“只赚不亏”，具体理解为：在行情好的时候农户饲养1头猪的收益是50～100元，行情一般的时候是0～50元，在遇到风险时，一般情况下农户只需承担损失的10%，另外的90%由温氏集团承担（郑华平，2008）。这种承诺给农户一个稳定的市场和价格预期，大大降低了农户的市场风险。为减轻农户饲养成本，节省交易费用，温氏集团不仅设立成鸡收购站，而且直接上门收购调运，使农户的成鸡及时“脱手”。在制定鸡的收购价格时，公司保证农户每只鸡可获得1.5～2元的利润（利润率达到20%左右），以此制定收购价格，并坚持不懈。由于农户从公司领取鸡苗、饲料和其他各种服务，温氏公司很容易计算农户的养鸡成本，从而使得最低保护价格的制定

成为可能。价格波动越大，渠道关系越不稳定（宋洪远等，2002）。温氏公司通过最低价格承诺，给农户一个稳定的价格预期，这有利于渠道关系的稳定。

8.1.3 利益补偿机制，保障合理收益

温氏公司通过合同和诚信成功地使经济利益共同体内部得以实现各自的利益最大化。温氏集团跟农户合作的结果以产品上市为结算依据。农户将饲养的鸡、猪交给公司回收上市后，公司首先与农户进行流程结算并完成产业链合作当中的第一次分配。同时，公司与合作农户还建立了一套完善合理的利益分配机制，保障农户在正常年景每只鸡有 1.5 元左右的收益，在危机来临或者行情持续低迷时，保证有不低于 1 元钱的收益。年底结算时，公司还将视行业的发展情况以及社会散养户的平均获利水平，采取补贴制度，公司与农户进行再次分配。通过一次、二次甚至多次分配，与温氏合作的农户有了稳定的收益渠道，为农民增收提供了可靠的保障。

逐利是契约型农产品交易各方合作的动因。在契约型的合作关系中，公司或者农户无论是选择履约还是选择违约，都是在追求更多的收益驱动下的利己选择。通过各种制度设计，让公司和农户实现“利益共享”，或许是保证公司和农户履约率更高、契约更稳定的一种比较理想的选择。

8.2 增加替代稀缺性

价格的波动为违约提供了动因，替代关系的存在，为违约提供了机会。为了降低违约率，就要尽量减少替代关系或通过其他途径来增加合作伙伴的替代稀缺性。

8.2.1 减少契约外的替代关系

在某一个区域市场，公司尽量避开竞争对手，不让签约农户有其他选择，或者切断农户的其他销售途径，以降低农户违约的可能性；让农户都成为签约生产者，让公司在契约外很难找到农产品的生产者，以降低公司违约的可能性。切断契约外的可选交易伙伴，阻断替代关系源，肃清违约的环境，可以为公司与农户的履约提供一个良好的环境保障。但更为积极的做法是，尽可能地提高农户的组织化程度，扩大农户的规模，缩小存在于公司与农户之间规模和实力的差距，使双方的规模和实力进入相对对等状态的合理区间，从而提高双方的履约率。

在契约型农产品交易关系中，相对于公司而言农户家庭规模很小，公司规模巨大。从交易额大小来看，公司与单个农户之间的农产品交易额，对单个农户而言，几乎是他们的全部收入来源；相对公司而言，单个农户与公司之间的交易额在公司收购的全部农产品中的占比却非常小。从交易对象的替代稀缺性来看，因为农产品具有同质性，对公司而言，大量分散地生产具有同质性农产品的单个农户是完全相同的，是完全可以替代的；对单个农户来说，收购特定的农产品公司则是少数的，因而具有相对稀缺性，农户相对公司而言选择余地更小。单个农户与公司的交易几乎是其全部的收入来源，且单个农户交易对象选择余地有限，再加上公司在市场信息等方面具有的优势，导致农户对公司是高度依赖的，因此，公司在这一渠道关系中处于绝对主导地位，公司与农户之间的渠道权力结构严重失衡。但在这种权力结构过度倾斜的渠道关系中，一旦分散的为数众多且规模弱小的农户采取一致性的“反抗”（如违约）行为时，无论这种一致性行为是自发形成的还是计划形成的，处于权力优势方的公司的权力就会失效（张闯，2006），而对这一问题的解决就是增加分散一方即农户的组织化程度，使其规模和实力进入与公司对等状态的合理区间（张闯，2006）。

8.2.2 发展农民专业合作社提高农户组织化程度

《中华人民共和国农民专业合作社法》第一章总则第二条从概念上将农民专业合作社定义为“农民专业合作社是在农村家庭承包经营基础上，同类农产品的生产经营者或者同类农业生产经营服务的提供者、利用者，自愿联合、民主管理的互助性经济组织”，合作社的基本制度特征为自愿、自治和民主管理，合作社与社员的交易不以盈利为目的，合作社的主要功能是为社员提供交易上所需的服务。2007 年我国颁布施行《中华人民共和国农民专业合作社法》，经过 10 多年的发展，我国合作社的注册数量已经达到 100 多万家。图 8－1 为 2007—2017 年以 2007 年为基期的我国农民合作社增长情况，2007 年我国农民合作社的数量只有 2.64 万家，入社的农户也只有区区 35 万户，截至 2017 年 7 月，在工商部门登记注册的农户合作社的数量已经达到 193.8 多万家，比 2007 年增长了 72.22 倍，入社的农户数量也大幅提升，有超过 1 亿户的农户实际入社，这个数量约占全国农户总数的 46.8%。农民专业合作社的发展和壮大，通过增加分散农户的组织化程度，缩小存在于公司与单个农户之间的规模和实力的差距，不但可以增加公司对合作社的依赖程度，而且可以降低公司方渠道权力失效的概率，从而提高契约的稳定性。

8.2.3 发展家庭农场扩大农户生产规模

“家庭农场是指以家庭成员为主要劳动力，从事农业规模化、集

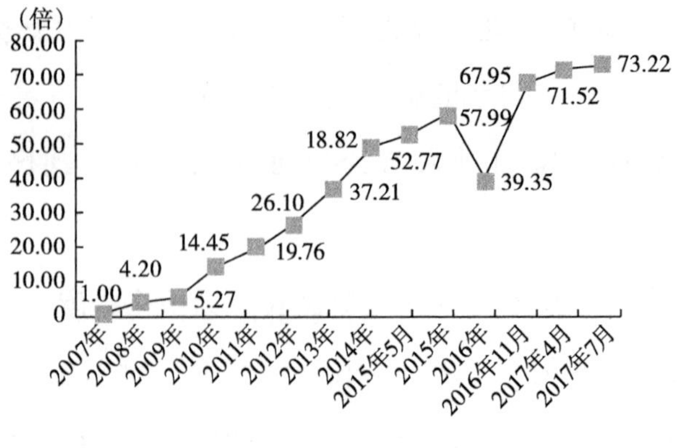

图 8－1　2007—2017 年我国农民合作社增长情况（以 2007 年为基期）

资料来源：夏英．2017 年我国农民合作社发展现状、导向及态势［N］．2018－01－05，http：//www. 360doc. com/content/18/0115/17/36274037_ 722168662. shtml.

约化、商品化生产经营，并以农业收入为家庭主要收入来源的新型农业经营主体。”2008 年家庭农场被首次写入中央文件，党的十七届三中全会提出“有条件的地方可以发展专业大户、家庭农场、农民专业合作社等规模经营主体”。2013 年家庭农场被中央一号文件进一步明确为新型农业经营主体的主要形式，并要求通过新增农业补贴倾斜、鼓励和支持土地流入、加大奖励培训力度等措施，扶持和培育家庭农场发展。2014 年 11 月中央颁布的《关于引导农村土地经营权有序流转发展农业适度规模经营的意见》就明确指出“对土地经营规模相当于当地户均承包地面积 10～15 倍，务农收入相当于当地第二、第三产业务工收入的，应当给予重点扶持”。随着国家相关支持政策相继出台，2015 年家庭农场进入快速发展时期。截至 2017 年 9 月，全国农场数量超过 87. 7 万家，其中有 44. 5 万家家庭农户已经纳入农业部门管理名录。家庭农场数量和规模的扩张，可以一定程度上缩小农户与公司之间存在的规模和实力的差距，使双方的规模和实力向着相对对等状态的合理区间更近一步，为双方的履约创造更好的环境，从而提升契约的稳定性。

以“公司＋农户”模式为特色的温氏集团，经过多年的发展，取得了巨大的成功：1996年与温氏集团合作的养鸡、养猪专业户为6500户，到2010年这个数据增加到4.7万户；1996年温氏集团的年销售收入为十几亿元，到2010年集团年销售收入跃升为200多亿元；在温氏集团快速发展的同时，合作农户的收入伴随公司的发展稳步上升，从1996年的1.4万元增至2010年的4.53万元。尽管如此，2011年在接受南方日报记者采访时，黄松德表示“虽然农户收入在增长，但增长的幅度并不大”。温氏集团副总裁陈峰毫不讳言地表示“假如在未来5年内，农户户均年收入不能超过5万元，那么与温氏集团合作的农户将会萎缩，‘公司＋农户’的模式也会陷入困境”。而且集团还面临传统的养殖业对年轻人缺乏吸引力，养殖过程中的环保等问题，为了应对这些挑战，温氏集团启动“倍增计划”，将原来的“公司＋农户”模式升级为“公司＋家庭农场”模式：通过提高农户的机械化水平和生产技术，将农户的养殖方式向机械化养殖的阶段逐步推进，扩大养殖规模，同时促使小规模农户向环境友好型的家庭农场转变，提高养殖效率，最终实现“农民收入倍增计划”，让农户转变为小农场主。①

8.3 提高替代成本

价格的波动是违约的动因，替代关系的存在为违约提供契机，最终是否违约，还得考虑违约成本。如果违约成本很低，使得违约收益远高于成本，违约将成为现实。为了降低违约率，提高履约率，就要

① 陈清浩．实施“倍增计划”扩大养殖规模提高效率，提升“公司＋农户”模式：温氏力促合作户收入5年翻番[N]．南方日报，2011－04－06.

提高违约成本。存在于农产品生产与销售过程中的专用性资产可以提高替代成本，增加违约成本，因此，要试图增加公司与农户的专用性资产的投入，通过提高替代成本，将双方锁定在关系中，提高关系的稳定性。

交易成本理论和社会交换理论是现有的探讨专有资产投入在渠道关系中作用的两个基本的基础理论，但这两个基础理论的观点并不一致。

交易成本理论观点认为，某一渠道成员单方进行专有资产投入会让自身处于不利地位，进而引发另一渠道成员的投机行为，不利于渠道双方的交易关系。因为在渠道关系中，如果某一渠道成员单方面在关系中进行专有资产投入，就会被单边锁定在该关系中，这种单边锁定的关系状态会增加专用资产投入方对专有资产接受方的依赖，同时也增加其转移成本，最终导致专用资产投入方与专有资产接受方的依赖关系处于严重失衡状态（Heide et al.，1988）。在这种渠道关系中，一旦有效的渠道控制机制缺失，拥有渠道优势的专有资产接受方不但可以利用这种优势强迫专有资产投入方做出让步，甚至会为了获得更多的收益而对专有资产投入方实施投机行为（张闯、徐佳，2016）。

社会交换理论则认为，如果某一渠道成员在渠道关系中进行专有资产投入会增强渠道伙伴的信任，这种信任有利于推动渠道成员彼此之间的关系质量。在渠道合作中，渠道成员想要实现自身长期发展的目标，不仅需要考虑自身的当前利益，更需要考虑自身的长远利益和其他渠道成员的利益。专有资产投资一项重大的决策，表明了专有资产投资者的战略发展目标。如果某一渠道成员在渠道关系中投入专有资产，表明其致力于发展长期合作关系的意愿，也体现了其对渠道伙伴的承诺与忠诚，希望能够通过专有资产的投入来促进渠道成员之间的合作；同时也是在给渠道伙伴传递信号，告诉对方其是可靠的，是值得信赖的。因此，专有资产投入的实质是投入专有资产的渠道成员向其他渠道成员传递其可靠性和可信性的信号（Ganesan，1994），其他渠道成员接收到这个信号，就会增强与其进一步发展合作关系的信念。

笔者更倾向于社会交换理论的观点。在契约型农产品交易关系中，公司和农户之间实力规模差异巨大，渠道权力结构严重失衡，且严重倾斜于公司，在这种严重失衡的渠道权力结构中，农户天然地处于劣势地位，对实力规模远远超过自己的公司也天然地具有较强的防范意识，这是一种本能的自我保护。农户对公司的这种本能的防范会导致公司与农户之间合作关系的不稳定。公司为了向农户表达自己的承诺和诚意，以及表明自己长期合作的意愿，会在关系中投入各种专用资产，比如为签约农户无偿提供农业基础设施建设的资金，以及为签约农户提供生产过程中的各种生产资料费用（如种子、化肥、农药等）。通过这些前期的专有资产的投入，公司向农户传递了其可靠与可信的信号，以增进农户的信任，从而在一定程度上缓解了因渠道权力结构不对称所引起的农户低水平信任；同时也增强了公司对农户的依赖，表达了公司愿意发展与农户长期稳定合作关系的意愿。

8.3.1 增加公司专有性资产投入

在契约型农产品交易关系中，天然处于弱势地位的农户对实力规模远远超过自己的公司具有抗拒心理，公司的口头承诺不足以打消其合作的种种疑虑，公司早期投入的专有资产对农户可以起到预承诺的作用，这种预承诺在与农户的交易中可以起到“人质机制”的作用，让农户相信公司不会存在欺诈行为（夏春玉等，2009）。例如在温氏“公司+农户”模式中，温氏公司不但投入了各种生产资料（猪苗、鸡苗、各种养殖技术等），还会给予资金投入。在新兴县做了五六年运输工作的温先生于2016年7月回家租了十余亩地跟温氏合作养猪，养殖规模为240头/批次，年上市肉猪2批，前期投入200多万元，温氏公司直接垫资170多万元。①

首先，公司专有资产的投入会增加作为专有资产接受方的农户对公司的信任。公司前期向农户投入的生产资料以及垫付的资金，能明确地向农户表达自己的合作诚意，对双方渠道合作关系的重视以及维持渠道长期合作关系的意愿，农户也可以此来保障自己的收益（Anderson & Weitz，1992）；公司专有资产的投入使其被锁定在与农户的特定交易关系中，这不但能够有效地抑制公司的投机行为，而且还能增强作为专有资产接受方的农户对公司信任的感知（Handfield & Bechtel，2002）。

其次，公司专有资产的投入向农户传递了其可靠与可信的信号。社会交换理论认为，专有资产的投入可以向专有资产接受方传递专有资产投资方可靠性和可信性信号（Ganesan，1994）。公司前期向农户投入专有资产（如生产过程中生产资料以及垫付的资金等）会对公司在与农户的合作关系中产生约束作用，因而公司比农户有更强的履约动机。公司通过增加结束合作关系时的沉没成本将自己锁定在与农户的合作关系中，增加了公司对农户的依赖程度，从而减少农户对公司合作诚意的猜测与怀疑。农户接收到公司借由专有资产投入传递的信

① 黄进．广东农企创造“公司+农户”模式：温氏股份带动5.54万合作农户[N]．南方日报，2018-05-08，http://www.sohu.com/a/230848444_100116740.

号，也会增强进一步与公司发展合作关系的信念，从而促进公司与农户开展更为紧密的合作。

最后，公司专有资产的投入向农户表明了公司对与农户合作关系的重视与忠诚。与规模庞大的公司相比，农户天然处于弱势地位，为了保护弱势方农户的利益，公司前期的专有资产的投入，向农户表明了公司对与农户合作关系的重视与忠诚，同时也表明了公司在未来合作关系中远离机会主义行为的决心。因为对公司而言，资源是有限的，公司在向签约农户做出专有资产投入后，会减少与其他非签约农户交易的机会，这表明公司比未做出专有资产投入前更希望长期与签约农户维持合作关系稳定，让公司和农户都能从契约型的农产品交易关系中获得可持续性的合作收益。

由此可见，契约型农产品交易关系中，公司的专有资产投入有助于降低农户因相互依赖不对称而导致渠道权力结构严重失衡带来的不安全感，消除农户与公司合作的种种疑虑，增强农户对合作公司的信任，促进公司与农户合作关系的良性发展与稳定。

8.3.2　增加农户专有性资产投入

专有资产的特性决定了其在特定交易关系之外的价值很低，这就会让专有资产投入方因终止关系可能带来的高额沉没成本而被锁定在特定的关系中（Williamson，1985）。在契约型农产品交易关系中，公司与农户事先签订了契约价格，由于无法准确地预估自然和经济等因素的影响，会出现市场价格和契约价格背离的情况，如果市场价格高于契约价格，农户出于自身利益最大化的考虑，就会有将签约农产品向市场出售的动机，因此公司在自身投入专用性资产以增强农户信任、稳定交易关系的同时，也可以通过让农户进行专有资产投入的方式，增加农户的违约成本，以达到抑制农户投机行为的目的，从而增强交易关系的稳定性。

农户在契约期内进行的专用性投资主要有物资资本专用性投资和人力资本专用性投资。物资资本专用性投资包括专用性的设施投入、专用性的土地改造等；最为重要的是农户为公司种植（或养殖）了专用性农产品，如果企业违约不收购这种产品，或者压低价格收购这种产品，农户就面临着卖不掉或者即使能够卖掉但价格非常低的不利局面。人力资本专用性投资伴随着物资资本专用性投资而发生，有些特殊的农产品生产需要进行专门的人员培训。农户的专有资产的投入作为一种补偿性专有资产投入，不但可以将农户锁定在关系中，还可以减轻公司对农户的依赖，促进公司对农户的信任。

为了确保契约的履行，公司与农户双方共同投入专有资产，包括物资资本专用性投资、关系专用性投资和人力资本专用性投资等，从而将公司和农户双边锁定在交易关系中，这样更有利于契约的履行，维护关系的稳定。

8.4 结语

在契约型农产品交易关系中，由于公司与农户之间的规模和实力相差悬殊，一方是规模巨大、实力雄厚的公司，另一方是为数众多、分散且规模较小的农户，这就导致公司与农户之间的依赖严重不对称，渠道权力结构严重失衡且向公司倾斜，这就决定了公司与农户之间的契约型交易关系稳定性天生带有一定的脆弱性。为了克服存在于公司与农户之间交易关系不稳定的脆弱性，从渠道权力理论的视角，可以遵循三种思路采取相应的措施，以增强公司与农户之间交易关系的稳定性。

思路一，扩大契约市场均衡区间。逐利是契约型产品交易关系中的公司和农户的本能，因此能保证公司与农户最大履约率的是契约双方在既定契约价格博弈的基础上所能接受的“利益共享”价格。这就意味着，签约双方完全可以通过某种价格机制的设计，如通过节约交易费用提高合作收益，通过签订浮动价格保证预期收益，以及通过利益补偿机制保障合理收益等措施，让契约公司与农户在合作中能够达到“利益共享”，以此提高签约双方的履约率，提升契约型交易关系的稳定性。

思路二，增加替代稀缺性。在一定的区域市场范围内，公司尽量避开竞争对手，不让签约农户有其他选择，并且让农户都成为签约生产者，让公司在契约外很难找到农产品的生产者。但更为积极的做法是，通过大力发展农民专业合作社尽可能地提高农户的组织化程度，或是通过大力扶植家庭农场的发展来扩大农户的规模，缩小存在于公司与农户之间规模和实力的差距，使双方的规模和实力进入相对对等状态的合理区间，从而提高双方的履约率。

思路三，提高替代成本。专有资产的投入能将专有资产投入方锁定在特定关系中（Williamson，1985），让公司与农户双方共同进行专有资产投入，不但可以减轻依赖的不对称，实现关系中均等的依赖（Heide et al.，1988），从而促进公司与农户之间的相互信任，还可以通过提高替代成本将公司与农户双边锁定在交易关系中，提升交易关系的稳定性。

因此，要克服契约型农产品交易关系稳定性的脆弱性，可以遵循扩大契约市场均衡区间、增加替代稀缺性和提高替代成本等思路，因地制宜地采取各种策略，以此提升公司与农户交易关系的稳定性。

9　一个简短的案例：温氏“公司 +农户”模式

温氏食品集团股份有限公司（以下简称“温氏集团”），创立于1983年，现已发展成一家以畜禽养殖为主业、配套相关业务的跨地区现代农牧企业集团。截至2017年12月31日，温氏已在全国20多个省（直辖市、自治区）拥有5.54万户合作家庭农场、5万多名员工。2017年温氏股份上市肉猪1904.17万头、肉鸡7.76亿只、肉鸭3098万只，总销售收入556.57亿元，净利润67.70亿元。[①]

9.1　温氏“公司+农户”模式发展历程

1983年3月，温北英、温鹏程联合周边七户农户，集资了8000元创办了云浮市新兴县勒竹鸡场，揭开了温氏集团的创业帷幕。1986年肉鸡市场低迷，养殖户们难以拓展销路，温氏与第一批5户农户合作，公司代销鸡苗和饲料给养殖户们，承担肉鸡的销售并收取每只鸡5分钱的服务费，当年上市肉鸡5万只，销售收入36万元，开启了“公司+农户”经营模式的探索之旅。到了1987年底，温氏与36户专业养鸡户签订了合作协议。1989年中，肉鸡市场再度疲软，温氏采取保价回收的方

① 温氏官网的“集团介绍”，具体参见 http://www.wens.com.cn/html/about/。

式帮助签约农户销售肉鸡，进一步探索“公司＋农户”模式。1994年，温氏集团开始布局华东、华中、西南等市场，意欲推广其“公司＋农户”模式，开启了向全国扩张的步伐。1995年，由于当时市场行情下养猪的利润高于养鸡的利润，温氏集团开始尝试将“公司＋农户”的模式向生猪行业扩张。2004年温氏又将该模式复制到肉鸭养殖，地区则从广东地区扩张到华南其他省市以及华东、华中、西南、华北、东北、西北等地区，遍及全国20多个省（直辖市、自治区）。

经过多年的探索与发展，温氏“公司＋农户”模式取得空前的成功。在2011年前，温氏签约合作的农户数量一直保持高速增长态势。但到了2011年后，温氏“公司＋农户”模式在发展中遇到了前所未有的挑战：签约农户收入增长趋缓，传统养殖业对年轻人缺乏吸引力，养殖业带来的环境污染与政府推行的环保理念相悖，小型养殖场遭到清退等。面对挑战，温氏集团顺势而为，将“公司＋农户”模式升级为“公司＋家庭农场”模式，利用智能化、信息化养殖技术，扩大农户规模，让原来“小而散”的生产模式向“大而专”的生产模式转变，农户也相应地转变为农场主。智能化大大提高了饲喂的效率。一个5000只左右的普通鸡舍，如果采用传统人工喂料方式，每天的饲喂时间需要6小时，自动喂料机将这个时间缩短为18分钟，大大提高了饲喂的效率。利用智能化养殖技术，农户的养鸡规模从15年前的5000～10000只，扩大到了2万～3万只。通过信息化可以实现标准化养殖，保障并提升农户的养殖质量。温氏将农户的养殖流程的每一个环节如肉鸡（肉猪）的饲料领取时间、喂养食量、出栏时间、疫苗时间等信息，建立完整的数据档案，通过信息化建设与管理将传统分散的养殖方式向高效现代农业转变。模式的成功升级，不仅让温氏集团

“公司+农户”模式走出发展困境，获得更大的发展空间，也让合作农户（家庭农场）的收入大幅提升。2017年温氏集团在全国范围内拥有5.54万户合作农户（家庭农场），上市肉猪1904万头，稳居全国第一；肉鸡87.76亿只，占黄鸡市场的20%，占整个肉鸡市场的10%，总销售收入556.57亿元，净利润67.70亿元，温氏集团合作农户（家庭农场）2017年全年合计获养殖收益79.39亿元，平均每户获养殖收益14.2万元。[①] 温氏集团合作农户的养殖规模相应扩大，合作养鸡农户2010年的平均饲养规模为每批7500只，到2017年扩大到每批9460只；合作养猪农户2010年平均饲养规模为每批320头，到2017年扩大到每批550头。

9.2 温氏与农户之间的渠道权力结构状态：依赖不对称

由于温氏与农户之间的规模和实力相差悬殊，双方从彼此的交易中获得的效用大小存在巨大的差异。

温氏集团规模巨大，实力雄厚。截至2017年12月31日，公司已在全国20多个省（直辖市、自治区）拥有262家控股公司、5.54万户合作农户（或家庭农场），公司总资产达到490.40亿元，实现销售收入556.57亿元。温氏集团近十年的营业收入、净利润与销售毛利率情况见表9-1。

① 温氏官网的“集团介绍”，具体参见 http://www.wens.com.cn/html/about/。黄进．广东农企创造“公司+农户”模式：温氏股份带动5.54万合作农户[N]．南方日报，2018-05-08，http://www.sohu.com/a/230848444_100116740.

表9-1 温氏集团2006—2017年营业收入、净利润与销售毛利率情况

年份	营业收入		净利润		销售毛利率（%）
	营业收入（亿元）	同比增长（%）	净利润（亿元）	同比增长（%）	
2017	556.57	-6.23	67.51	-42.74	20.06
2016	593.55	23.05	117.90	89.99	28.22
2015	482.37	24.57	62.05	130.77	19.57
2014	387.23	8.11	26.89	380.48	13.51
2013	351.87	5.18	5.54	-78.81	7.03
2012	334.53	8.11	26.16	-42.45	13.25
2011	309.98	42.03	47.49	141.56	21.37
2010	218.23	30.51	19.20	120.98	15.4
2009	167.21	5.6	8.69	-10.51	12.07
2008	158.34	34.6	9.71	-47.22	12.43
2007	117.63	54.73	18.40	—	22.78
2006	76.03	—	—	—	17.84

资料来源：东方财富网数据中心，具体参见：http://data.eastmoney.com/bbsj/stock300498/yjbb.html.

温氏公司的营业收入和利润尽管周期性地出现过“过山车”行情，但总体都是保持盈利状态的。温氏股份2018年7月10日披露半年度业绩预告，数据显示，公司预计2018年上半年盈利8.5亿~9.5亿元，比上年同期下降47.52%~53.04%①。公司进入新一轮的低迷期，但依然保持盈利状态。

相比温氏集团的规模和实力，单个农户的规模和实力就显得太小了。2017年，温氏集团拥有5.54万户合作养殖农户（或家庭农场），

① http://www.sohu.com/a/240620206_787192.

户均年养殖收益为14.2万元。[①] 这就意味着单个农户提供的交易额占温氏集团总体交易额的份额很少，温氏集团从单个农户那里获得的效用相对很低。但如果将与公司签约的所有农户看成一个整体的话，整体签约农户的交易额构成了公司总的交易额，公司从与整体签约农户的交易中获得较高的效用。我国农户家庭经营活动主要是从事农业活动，从事农业活动的收入依然是家庭经营收入的主要来源，因此农户与温氏集团之间的交易依然是农户家庭经营收入的主要来源，故而农户能从与温氏集团的交易中获得很高的效用。

由于单个农户（家庭农场）通过交易提供给温氏集团的效用很低，因此其在市场上是否具有替代者就变得无关紧要了，温氏集团对其的依赖度是零。温氏集团通过交易提供给农户的效用很高，因此单个农户（家庭农场）对公司的依赖性还取决于温氏集团在市场上的替代稀缺性。如果温氏集团所处的市场处于完全竞争状态，替代者众多，农户可以从市场上很轻易地获得签约以外的交易对象，农户不会依赖于温氏；如果温氏集团所处的市场均处于垄断竞争、寡头垄断或完全垄断状态时，替代者较少，农户很难甚至不可以在市场上找到其他的交易对象，单个农户（家庭农场）只能依赖于温氏集团。现实情况是，温氏集团所处的市场更趋于后者，因此单个农户（家庭农场）高度依赖于温氏集团。

综上所述，温氏集团与单个农户（家庭农场）之间的依赖严重不对称，一方是规模巨大、实力雄厚的农业龙头企业，一方是为数众多、

① 温氏官网的“集团介绍”，具体参见 http://www.wens.com.cn/html/about/。黄进．广东农企创造“公司＋农户”模式：温氏股份带动5.54万合作农户[N]．南方日报，2018－05－08，http://www.sohu.com/a/230848444_100116740.

分散且规模很小的农户（家庭农场），因此温氏集团与单个农户（家庭农场）之间的渠道权力结构严重失衡且渠道权力向温氏集团倾斜。

9.3 温氏集团的“利益共享”机制

温氏集团与农户分工合作，共同完成农产品全过程的生产。温氏将畜牧产业链中的育种、种苗、饲料、防疫、养殖、产品上市等环节组合成为有机整体，在产业链内部建立一套完善且相对封闭运行的流程管理体系。温氏集团的合作政策是：农户投资3万~5万元，按照温氏的标准建好鸡（猪）舍，缴纳每只鸡4元左右的合作互助金（养猪户缴纳约200元/头），领取鸡苗、药物、饲料进行肉鸡饲养。公司在一定区域范围内设立1个服务中心，为每20~30个养鸡户安排1个联络员，公司的技术员每周至少去农户家1次，帮助解决饲养过程中遇到的问题。按正常的原料价格和销售价格，每饲养1只鸡可得毛利2~3元，公司和农户的分配比例为5∶5，即每只鸡的收益为1~1.5元。温氏集团通过这种制度安排，将农户变成企业的一个个“生产车间”，使得农户和温氏集团在整个生产过程中都是低成本运作的（郑华平，2008）。对公司而言，与农户合作，公司不用买地建设大量的猪舍、鸡舍，这就少了一大笔前期成本的投入；农户的成本也低，只需投资建猪舍、鸡舍，基本不需要现金购买鸡或猪苗、饲料、药物等，农户从领取公司的鸡苗、支付适当的定金起（每只鸡4~5元），接受公司的服务均采取记账的形式，省去了一笔很大的流动资金。

在产品生产过程中，公司向农户提供优良品种、先进的生产技术和管理方式以及市场信息和资金的帮助，农户则承诺按公司要求生产和交售产品。温氏公司向农户提供猪或鸡苗、饲料、药物等，在养殖过程中，公司向农户提供各种技术指导和服务。温氏集团在一定区域范围内设立一个服务中心，为每20~30个养鸡户安排一个联络员，由此形成了一个全方位的服务网络。针对农户的需求，公司及时派员或聘请专家适时解决。温氏通过控制生产过程不但成功化解生产风险，降低生产成本，而且通过这种准标准化的生产，使得最终产品质量比较稳定，产品质量易于考核，交易过程中的讨价还价变得容易，从而降低了交易成本。

温氏集团对加入的农户的承诺是“只赚不亏”，具体理解为：在行情好的时候农户饲养1头猪的收益是50~100元，行情一般的时候是0~50元，在遇到风险时，一般情况下农户只需承担损失的10%，另外的90%由温氏集团承担（郑华平，2008）。这种承诺给农户一个稳定的市场和价格预期，大大降低了农户的市场风险。为降低农户饲养成本，节省交易费用，温氏集团不仅设立成鸡收购站，而且直接上门收购调运，使农户的成鸡及时“脱手”。在制定鸡的收购价格时，公司保证农户每只鸡可获得1.5~2元的利润（利润率达到20%左右），以此制定收购价格，并坚持不懈。由于农户从公司领取鸡苗、饲料和其他各种服务，温氏公司很容易计算农户的养鸡成本，从而使得最低保护价格的制定成为可能。价格波动越大，渠道关系越不稳定（宋洪远等，2002）。温氏公司通过最低价格承诺，给农户一个稳定的价格预期，这有利于渠道关系的稳定。

温氏集团跟农户合作的结果是以产品上市为结算依据。农户将饲养的鸡、猪交给公司回收上市后，公司首先与农户进行流程结算并完成产业链合作当中的第一次分配。同时，公司与合作农户还建立了一套完善合理的利益分配机制，保障农户在正常年景每只鸡有1.5元左右的收益，在危机来临或者行情持续低迷时，保证有不低于1元钱的收益。年底结算时，公司还将视行业的发展情况以及社会散养户的平均获利水平，采取补贴制度，公司与农户进行再次分配。通过一次、二次甚至多次分配，与温氏合作的农户有了稳定的收益渠道，为农民增收提供了可靠的保障。

温氏集团通过契约和诚信成功地使经济利益共同体内部得以实现各自的利益最大化，大大扩张了履约区间，更有利于契约关系的稳定。

9.4　温氏集团大力发展家庭农场

温氏“公司+农户”模式的发展，在2011年之前，可谓是一帆风顺，但2011年之后，遇到了前所未有的挑战：①合作农户收入增长趋缓。随着农户增收渠道的多元化，以及国家连续多年的惠农政策使农村就业渠道增多了，农户对收入的要求大幅度提高。尽管合作农户的年收入随着温氏集团的成长而增长，从1996年的1.4万元增至4.53万元，但这个增幅相对农户其他收入来源的增幅并不高。②合作农户老龄化严重。随着农村劳动力供应逐年减少并不断流向城市，合作农户老龄化严重，传统养殖业对年轻人缺乏吸引力，40岁以下的青壮年不愿意参加农业生产，潜在合作农户的萎缩，是温氏集团“公司+农户”模式发展中遇到的最大挑战。③环境污染问题。养殖业造成的环境污染严重，随着农村环保意识逐步增强，养殖的投资成本增加。

温氏集团“公司+农户”模式因为上述种种挑战，一度陷入发展困境，甚至出现农户弃养现象。应对挑战，走出困境的唯一法宝是：提高合作农户收入，这是增加养殖业吸引力的关键。增加合作农民的收入有两种途径：公司给农民更多的让利；提高生产效率，扩大合作农户养殖规模，增加收入。公司让利始终有限，提高生产效率才是最佳选择。此时恰逢国家鼓励和扶植家庭农场的发展，温氏集团顺势而为，启动“倍增计划”，大力推进家庭农场的发展。2010 年底启动实施“养鸡农户效率效益倍增计划”，在不增加劳动力的情况下，推进机械化、信息化养殖技术，提升合作养鸡农户的效率和效益，计划用 5 年的时间，将养鸡农户的平均饲养量从 2009 年的 7500 只/批提高到 1.5 万只/批，预计年均收益从 2009 年的 3.5 万元提高到 7 万元以上。合作农户养猪的规模也不断扩大，2012 年合作家庭农场每户年平均出栏商品猪数量 493 头，至 2017 年上半年合作家庭农场每户年平均出栏商品猪数量增加至 850 头，增幅达 72.41%。

随着单个合作农户养殖规模的不断扩大，其在温氏集团的交易份额中的比重不断提升，单个农户的重要性就更加凸显，温氏集团对单个农户的依赖性就会增强，尽管这不能完全扭转或平衡存在于温氏集团与单个农户之间的严重失衡的渠道权力结构，但至少让这种严重失衡的状态在某种程度上得到修正，让双方的规模实力趋向合理区间发展，这种发展趋势有利于平衡温氏集团和合作农户之间的不对称依赖，从而有利于契约关系的稳定。

9.5 温氏集团的专用性资产投入

在与农户合作的过程中，温氏集团不但自己投入大量的专用性资产（资金、技术、品牌、销售、关系等专用性资产），还要求合作农户投入一定的专用性资产（物质、土地、劳动力等专用性资产），通过专用性资产的投入，将双方锁定在交易关系中。

温氏集团为农户设置准入条件，加盟温氏的农户需投入 3 万～5

万元建设符合温氏要求的鸡舍，这种制度安排加大了农户的专用性资产投资，提高了农户的退出成本；为解决农户的资金需求，温氏贷款给农户进行鸡舍投资，还款在未来的销售款中扣除，这一制度安排可以解决农户的资金问题，同时提高农户在未来合作中的违约成本和转换成本。温氏公司在合作中投入的专用性资产主要有技术的专用性，通过与高校、科研院所合作获得技术支持，不断增强的实物资产专用性与人力资产专用性；品牌专用性，不断投入的品牌建设与维护，使公司能够获得农户无法获得的声誉垄断租金；销售性资产专用性，主要表现在销售人力资本专用性与销售物质资本专用性。专用性资产的投入，增加了温氏集团的违约成本和转换成本。农户规模越大，渠道关系越稳定（赵晓飞、李崇光，2007）。随着合作时间的延长，温氏集团的规模不断扩大，专用性资产投入不断增加，农户的专用性资产自然也会随规模扩大而增加，合作各方的依赖性逐渐增强，违约的成本增加，交易成本降低，有利于契约关系的稳定。

9.6　结语

温氏集团“公司＋农户”模式中，农业龙头企业的巨无霸对单个分散，为数众多且规模很小的农户，渠道权力结构严重失衡且向温氏集团倾斜。温氏集团通过对农户做出最低价格承诺（“只赚不亏”）、补贴制度（二次分配）等利益共享机制满足合作农户的利益诉求，保证了农户从契约关系中获得足够的效用，阻断了农户的违约动机。温氏集团通过大力发展家庭农场，扩大合作农户的养殖规模，不但可以提升单个农户在市场中的替代稀缺性、突出单个农户在合作中的重要性，从而增强温氏集团对单个农户的依赖，还可以在一定程度上化解权力强势方在面对因权力结构过度倾斜而导致的当权力弱势方采取一致性的“反抗”行为时的权力失效问题。温氏集团不但自己在合作中投入大量的专有性资产，还设置准入门槛，让合作农户也进行专有性资产的投入，将双方锁定在交易关系中。

“公司+农户”模式，通过签订契约让公司与合作农户风险共担、利益共享。从自然禀赋角度看，公司拥有资本、管理、技术和营销网络，农户拥有土地和劳动力，公司与农户之间的合作可以实现资源的互补与共享，更好地利用资源，提高资源的配置效益。在合作中，公司为农户提供组织、营运、服务、信息、市场和新技术，化解农产品生产过程中的生产风险，降低农产品销售过程中的市场风险，通过契约给农户一个最低价格承诺，给农户一个稳定的价格预期。农户按照契约的规定，生产公司指定的农产品；在生产过程中接受公司提供的种苗、饲料、药物等，并接受公司的技术指导和支持，保证了产品的质量；收获后，按照契约规定卖给公司。公司获得稳定的货源，产品的质量也有了保障，大大减少因农产品生产周期问题而导致的货源不稳定问题，同时也大大降低了农产品的质量识别和鉴定成本。为了维持契约的稳定，保证合作的持续性，公司和农户都进行了专用性资产投资，加大合作各方的转换成本，使违约得不偿失，合作变成唯一理性的选择。“公司+农户”的渠道模式在制度安排上使得农户获得了可靠、稳定、标准化、相对一致的货源和技术支持与服务，对农产品的产量与品质有一个稳定的预期，且农户与公司建立长期合作关系，不但能规避风险，还可以获得收益，农户必然乐于合作。

我国农产品销售过程中“小农户”与“大市场”矛盾比较突出，“公司+农户”模式是农产品销售的经典模式。通过公司连接“小农户”与“大市场”，是农产品销售的主流模式。“公司＋农户”模式在某些农产品的合作中取得了巨大的成功，如温氏模式，但是否就意味着可以在农产品销售中普遍推广？答案显然是否定的。不同的农产品由于产品本身的差异，在合作时会有不同的模式，要充分考虑交易主体与交易对象的差异。同样采用“公司＋农户”模式，由于交易对象的差异，在具体制度安排上要做出调整，以适合交易对象的特性。

参考文献

[1]Anderson E. ,Weitz B. The Use of Pledges to Build and Sustain Commitment in Distribution Channels [J]. Journal of Marketing Research, 1992,29(1): 8 -34.

[2]Anderson, James C. ,James A. Narus. A Model of the Distributor's Perspective of Distributor-Manufacturer Working Relationships [J]. Journal of Marking,1984,48(4):62 -72.

[3]Buchanan L. Vertical Trade Relationships: The Role of Dependence and Symmetry in Attaining Organizational Goals [J]. Journal of Marketing Research, 1992,29 (1):65 -75.

[4]Cadotte E. R, L. W. Stern. A Process Model of Interorganizational Relations in Marketing Channels [J]. Research in Marketing, 1979 (2): 127 -158.

[5]Cheung,Steven. The Contractual Nature of the Firm[J]. Journal of Law and Economics,1983,26(1):1 -21.

[6]Coase Ronald H. The Nature of the Firm [J]. Economica, 1937 (4): 368 -405.

[7]Coughlan, Anne T. , Erin Anderson, Louis W. Stern,Adel I. El-Ansary.

Marketing Channels, 6th[M]. Beijing: Tsinghua University Press, 2001.
[8]Dwyer F. R., Schurr P. H., Oh S. Developing Buyer-seller Relationships[J]. The Journal of marketing, 1987: 11 -27.
[9]El-Ansary, Adel,Louis W. Stern. Power Measurement in the Distribution Channel [J]. Journal of Marketing Research, 1972(9): 47 -52.
[10]Emerson, Richard M. Power-Dependence Relations [J]. American Sociological Review, 1962,27(2) :31 -41.
[11]Ganesan S. Determinants of Long-term Orientation Inbuyer-seller Relationships[J]. Journal of Marketing,1994,58 (4): 1 -19.
[12]Gaski, John F. The Theory of Power and Conflict in Channels of Distribution [J]. Journal of Marketing, 1984(48): 9 -29.
[13]Glanze W. D., Goldenson R. M. Longman Dictionary of Psychology and Psychiatry[M]. N Y: Longman an Inc., 1984.
[14]Hailén L., Johanson J., Seyed-Mohamed N. Interfirm Adaptation in Business Relationships[J]. Journal of Marketing, 1991, 55(2):29 -37.
[15]Handfield R. B., Bechtel C. The Role of Trust and Relationship Structure in Improving Supply Chain Responsiveness[J]. Industrial Marketing Management, 2002,31(7): 367 -382.
[16]Heide J. B.,John G. The Role of Dependence Balancing in Safeguarding Transaction-Specific Assets in Conventional Channels[J]. Journal of Marketing,1988,52(1): 20 -35.
[17]Kale S. H. Dealer Perceptions of Manufacturer Power and Influence Strategies in a Developing Country[J]. Journal of Marketing Research, 1986(23):387 -393.

[18] Kim, Stephen Keysuk, Ping-Hung Hsieh. Interdependence and Its Consequences in Distributor-supplier Relationships: A Distributor Perspective through Response Surface Approach[J]. Journal of Marketing Research, 2003(40):101 – 112.

[19] Kumar N., Scheer L. K., Steenkamp J. B. E. M. The Effects of Supplier Fairness on Vulnerable Resellers[J]. Journal of Marketing Research, 1995: 54 – 65.

[20] Lusch R. F., Brown J. R. Interdependency, Contracting, and Relational Behavior in Marketing Channels[J]. The Journal of Marketing, 1996: 19 – 38.

[21] Richard M. Emerson, Power-Dependence Relations [J]. American Sociological Review, 1962, 27(1):31 – 41.

[22] Ronald Coase. The Nature of the Firm[J]. Economica, 1937(4): 385 – 405.

[23] S. Popkin. The Rational Peasant: The Political Economy of Rural Society in Vietam[M]. Berkeley, 1979: 14.

[24] Stern, Louis W., Torger Reve. Distribution Channels as Political Economics: A Framework for Comparative Analysis[J]. Journal of Marketing, 1980(44):52 – 64.

[25] Sutherland S. The Macmillan Dictionary of Psychology [M]. London: The Macmillan Press L td., 1989.

[26] Williamson O. E. Comparative Economic Organization: The Analysis of Discrete Structural Alternatives[J]. Administrative Science Quarterly, 1991: 269 – 296.

[27] Williamson O. E. The Economic Institutions of Capitalism [M]. New York: The Free Press, 1985.

[28] Williamson O. E. The Economics of Governance: Framework and Implications [J]. Journal of Institutional and Theoretical Economics, 1984, 140(1): 195 – 223.

[29] Williamson O. E. Transaction-cost Economics: The Governance of Contractual Relations [J]. Journal of Law and Economics, 1979, 22 (2): 233 – 261.

[30] Williamson O. E. The Theory of the Firm as Governance Structure: From Choice to Contract [J]. Journal of Economic Perspectives, 2002, 16 (3): 171 – 195.

[31] R. 科斯. 论生产的制度结构[M]. 上海:上海三联书店,1994.

[32] "公司 + 农户"——一种新的经济共同体[N]. 农民日报,1993 – 10 – 03.

[33] 安钢. 主要农产品统购统销制度及其改革——对我国几十年的主要农产品统购统销制度及近年改革的理解[J]. 农村经济与管理,1997(2).

[34] 安妮 · T. 科兰,埃琳 · 安德森,路易斯 · W. 斯特恩,阿德尔 · 埃尔—安萨里. 营销渠道(第七版)[M]. 蒋青云,等译. 北京:中国人民大学出版社,2008.

[35] 安妮 · T. 科兰,路易斯 · 斯特恩,等. 营销渠道(第 6 版)[M]. 北京:电子工业出版社,2003:187.

[36] 陈灿,罗必良. 农业龙头企业对合作农户的关系治理[J]. 中国农村观察,2011(6):46 – 57.

[37]陈灿,万俊毅,吕立才.农业龙头企业与农户间交易的治理——基于关系契约理论的分析[J].华中农业大学学报(社会科学版),2007(4):55-58.
[38]董雷.发展农村市场经济的有效途径——“公司+农户”[N].经济日报,1993-07-08.
[39]杜吟棠.“公司+农户”模式初探——兼论其合理性与局限性[J].中国农村观察,2002(1):30-38.
[40]高阔,甘筱青.“公司+农户”模式:一个文献综述(1986—2011)[J].经济问题探索,2012(2):109-115.
[41]郭红东.浙江省农业龙头企业与农户的利益机制完善与创新研究[J].浙江社会科学,2002,9(5):181-185.
[42]何嗣江,张丹.“公司+农户”模式的演变及发展路径[J].经济学家,2005(1):118-119.
[43]胡浩民,黄泽文,向安强.农户弃养:温氏集团“公司+农户”模式或可遭遇的困境及对策[J].古今农业,2012(2):15-24.
[44]胡克敏,郭锦墉.商品契约中农户违约行为研究的文献综述[J].商业研究,2008,376(6):194-197.
[45]黄进,何勇,伍廷显.广东农企创造“公司+农户”模式:带动5.54万合作农户,户均收入14.2万元[N].南方日报,2018-05-08.
[46]黄志宏.“鸿源米业”:值得推广的“公司+协会+基地+农户”模式[J].中国农村经济,2006(6):24-31.
[47]黄宗智.华北的小农经济与社会变迁[M].北京:中华书局,1986:19.
[48]黄祖辉,郭红东.“公司加农户”:农业产业化组织的创新——基于

新制度经济学层面的分析[J]. 浙江学刊,1997,105(4):40－42.
[49]李成贵.农民合作组织与农业产业化的发展[J]. 南京社会科学,2002(11).
[50]李芊蕾,汤世强,张磊. 乳业供应链中的机会主义行为及对策思考[J]. 商业时代,2010 (26): 136－137.
[51]林毅夫.小农与经济理性[J]. 农村经济与社会,1988(3):31－33 .
[52]刘凤芹."公司＋ 农户"模式的性质及治理关系探究[J]. 社会科学战线,2009(5):45－50.
[53]刘凤芹.不完全合约与履约障碍——以订单农业为例[J]. 经济研究,2003(4):22－31.
[54]刘燕."机会主义行为"内容与表现形式的理论解析[J]. 经济问题探索,2006(5):122－125.
[55]刘允洲,陈健.公司＋ 农户: 深化农村改革的一种思路[J]. 中国农村经济,1988(10):14－18.
[56]罗必良,刘成香,吴小立.资产专用性、专业化生产与农户的市场风险[J]. 农业经济问题,2008(7):10－16.
[57]罗必良.农村土地制度:变革历程与创新意义[J]. 南方经济,2008(11):3－12.
[58]聂辉华.最优农业契约与中国农业产业化模式[J]. 经济学,2012,12(10):313－330.
[59]牛若峰,夏英.农业产业化经营的组织方式和运行机制[M]. 北京:北京大学出版社,2000.
[60]牛若峰. 中国农业产业化经营的发展特点与方向[J]. 中国农村经济,2002, 5(5).

[61]农业部农业产业化办公室. 我国农业产业化经营取得的成效及其分析[J]. 农村经济文稿,2002(2).
[62]恰亚诺夫. 农民的经济组织[M]. 北京:中央编译出版社,1996:308.
[63]秦辉. 市场信号与"农民理性"[J]. 改革,1996(6):85-95.
[64]盛先友. 农业产业化"公司+农户"组织形式演进[J]. 技术经济,1999(11):23-25.
[65]舒尔茨. 改造传统农业[M]. 北京:商务印书馆,1999:99-113.
[66]斯蒂格勒. 价格理论[M]. 北京:北京经济学院出版社,1990.
[67]宋圭武. 农户行为研究若干问题述评[J]. 农业技术经济,2002(4):59-64.
[68]宋洪远,等. 改革以来中国农业和农村经济政策的演变[M]. 北京:中国经济出版社,2002.
[69]孙武超. "公司+农户"是贫困山区发展经济的一种模式——河北省平泉县种子公司适度规模经营的调查[J]. 中国农村经济,1990(12):54-56.
[70]万俊毅. "公司+农户"的组织制度变迁——诱致抑或强制[J]. 改革,2009(1):91-96.
[71]威廉姆森. 经济组织的逻辑[A]//企业制度与市场组织——交易费用经济学文选[M]. 上海:上海三联书店,1996.
[72]威廉姆森. 治理的经济学分析:框架和意义[A]//菲吕博顿. 新制度经济学[M]. 上海:上海财经大学出版社,1998.
[73]威廉姆森. 治理机制[M]. 北京:中国社会科学出版社,2001:6.
[74]夏春玉,张闯,董春艳,梁守砚. "订单农业"中交易关系的建立、发

展与维护——以经纪人主导的蔬菜流通渠道为例[J]. 财贸研究，2009(4):25-34.

[75]徐恩波,刘卫锋."公司+农户"的理论基础及运行机制[J]. 中国农村经济,1995(11):64-65.

[76]徐忠爱.公司和农户契约选择与履约机制研究[M]. 北京:中国社会科学出版社,2007.

[77]杨明洪.订单农业风险形成的圈层结构:一般性的概念分析框架[J]. 四川大学学报(哲学社会科学版),2009(1):119-125.

[78]尹云松,高玉喜,糜仲春.公司与农户间商品契约的类型及其稳定性考察——对5家农业产业化龙头企业的个案分析[J]. 中国农村经济,2003(8): 63-67.

[79]张闯. 渠道权力结构的过度倾斜与权力失效——基于农产品营销渠道的研究[J]. 财经论丛,2006,125(5):96-101.

[80]张闯,夏春玉.农产品流通渠道:权力结构与组织体系的构建[J]. 农业经济问题,2005(7):28-36.

[81]张闯,徐佳.契约型农产品渠道中专有资产投入、人际信任与关系稳定[J]. 北京工商大学学报(社会科学版),2016(1):109-119.

[82]张闯,周洋,田敏.订单农业中的交易成本与关系稳定型:中间商的作用——以安徽某镇养鸡业流通渠道为例[J]. 学习与实践,2010(1):30-37.

[83]张闯.渠道权力结构的过度倾斜与权力失效——基于农产品营销渠道的研究[J]. 财经论丛,2006(9):96-101.

[84]张春勋.关系契约与农产品交易稳定性研究[D].重庆大学,2010.

[85]张五常. 关于新制度经济学[A]//契约经济学[M]. 北京:经济科

学出版社, 1999.

[86]张占东,张铭慎,焦伟娅. “公司 + 农户”模式:实践探索、制度变迁与前景展望[J]. 管理学刊,2010,23(2):62 - 67.

[87]赵慧娥,孙林. 我国“公司 + 农户”型产业化组织不稳定的原因及对策[J] . 经济纵横,2004(5):23 - 25.

[88]赵晓飞,李崇光.“农户—龙头企业”的农产品渠道关系稳定性——基于演化博弈视角的分析[J]. 财贸经济,2008(2):92 - 97.

[89]赵晓飞,李崇光.“农户—龙头企业”的农产品渠道关系稳定性:理论分析与实证检验[J]. 农业技术经济,2007(5):15 - 24.

[90]赵志龙.“公司 + 农户”的现状与问题:文献回顾与评论[J]. 学海,2008(4):202 - 205.

[91]郑华平. 广东温氏集团“公司 + 农户”农业产业化模式实证研究[J]. 广东农业科学,2008(7):152 - 154.

[92]中共河南省委政研室农村处. 农村走向市场的成功之路——河南省“公司 + 农户”情况的调查[J]. 中国农村经济,1994(7):29 - 32.

[93]周立群,曹利群. 农村经济组织形态的演变与创新——山东省莱阳市农业产业化调查报告[J]. 经济研究,2001(1):69 - 77.

[94]庄贵军,周筱莲,周南. 零售商与供应商之间依赖关系的实证研究[J]. 商业经济与管理,2006(6):20 - 26.